GALLANT
CONFESSIONS
D'UN TUEUR
À GAGES

Éric Thibault
et
Félix Séguin

Éditrice : Marie Labrecque
Révision linguistique : Sara-Emmanuelle Duchesne et Justine Paré
Corrections : Nolsina Yim
Direction artistique : Atelier BangBang (Simon Laliberté)
Design graphique : Atelier BangBang (Simon Laliberté)
Photos : Projet Baladeur, Sûreté du Québec

Catalogage avant publication de Bibliothèque et Archives nationales du Québec et
Bibliothèque et Archives Canada

Séguin, Félix
   Gallant : confessions d'un tueur à gages
   ISBN 978-2-89761-000-5
   1. Gallant, Gérald. 2. Crime organisé - Québec (Province). 3. Tueurs à gages
- Québec (Province) - Biographies. I. Thibault, Éric, 1968-   . II. Titre. III. Titre :
Confessions d'un tueur à gages.
HV6248.G34S43 2015   364.152'4092   C2015-940328-6

Les éditions du Journal
Groupe Ville-Marie Littérature inc.*
Une société de Québecor Média
1010, rue de La Gauchetière Est
Montréal (Québec) H2L 2N5
Tél. : 514 523-7993, poste 4201
Téléc. : 514 282-7530
Courriel : info@leseditionsdujournal.com
Vice-président à l'édition :
Martin Balthazar

Distributeur
Les Messageries ADP inc.*
2315, rue de la Province
Longueuil (Québec) J4G 1G4
Télé. : 450 640-1234
Téléc. : 450 674-6937
* filiale du groupe Sogides inc.
  filiale de Québecor Média inc.

Les éditions du Journal bénéficient du soutien de la Société de développement des
entreprises culturelles du Québec (SODEC) pour son programme d'édition.
Gouvernement du Québec – Programme de crédit d'impôt pour l'édition de livres –
Gestion sodec SODEC.
Nous reconnaissons l'aide financière du gouvernement du Canada par l'entremise du
Fonds du livre du Canada pour nos activités d'édition.
Nous remercions le Conseil des arts du Canada de l'aide accordée à notre pro-
gramme de publication.

NOTE DES AUTEURS

Les personnages, les situations et les images de ce récit ne sont pas fictifs.

Tout ce que vous vous apprêtez à lire et à voir – les faits relatés, les personnes dont il est question, les propos qu'elles ont tenus, les dates et les endroits où ces phrases ont été prononcées, la reproduction de leurs écrits, les documents d'enquête policière, les rapports des services correctionnels et des libérations conditionnelles, les photos des scènes de crime – est tiré de la preuve d'une enquête policière, le «projet Baladeur».

Cette enquête a été l'une des plus importantes jamais menées à l'encontre du crime organisé au Canada. Elle a débuté en 2004, au terme d'une guerre sanglante opposant les motards Hells Angels aux Rock Machine, et qui a fait plus de 165 morts au Québec. En tant que journalistes, nous avons travaillé sur plusieurs de ces crimes. Mais l'enquête va bien au-delà de ce conflit meurtrier qui a marqué la province.

L'opération policière s'est terminée par 11 arrestations en 2009. Justice a finalement été rendue en 2014 pour les dernières personnes mises en accusation.

La preuve que les policiers ont amassée de 2004 à 2009 et que nous avons pu consulter est consignée sur plus de 90 000 fichiers informatiques. Ces derniers contiennent plusieurs milliers de pages de rapports, de témoignages, d'expertises, de photos, en plus de dizaines d'heures d'interrogatoires enregistrées sur vidéo.

Cette preuve n'a toutefois pas été rendue publique, puisque les accusés ont tous décidé de reconnaître leur culpabilité, renonçant ainsi à la tenue d'un procès.

Dans l'unique but de faciliter la lecture de ses déclarations, nous avons quelque peu modifié le langage utilisé par l'assassin qui a dénoncé ses complices aux policiers, sans toutefois que la teneur de ses propos ne s'en trouve modifiée ou faussée. Par contre, nous avons choisi de reproduire ses lettres sans en corriger les fautes d'orthographe ni de syntaxe afin d'en préserver l'authenticité.

On peut mentir une fois à tout le monde, on peut mentir tout le temps à une personne, mais on ne peut pas mentir tout le temps à tout le monde.
— Abraham Lincoln

Sortant de certaines bouches, la vérité elle-même a mauvaise odeur.
— Jean Rostand

PRÉFACE

Si ce livre sur Gérald Gallant ne devient pas un film à succès, j'en serai étonné. C'est un véritable scénario hollywoodien qui attend le lecteur de cet ouvrage rédigé par les journalistes Éric Thibault et Félix Séguin.

Tous les ingrédients d'une incroyable intrigue semblent présents : un tueur à gages qui se promène en vélo entre ses meurtres (ses cachets servent notamment à payer ses bicyclettes), qui refuse de faire feu lorsqu'il y a des enfants à proximité, ou qui n'oserait pas tirer sur un orignal (il le dit lui-même : c'est «trop un bel animal»), qui cache sa double vie à sa femme (laquelle ne cherche pas trop à en savoir plus), et qui relate ses 28 meurtres, un à un, sur un ton monocorde, comme un dentiste raconterait sa journée à un collègue. C'est absurde. C'est terrifiant. C'est surréaliste.

Ce qui est bien réel, en tout cas, c'est l'occasion unique qui s'est présentée aux journalistes d'écrire ce livre. C'est grâce au temps et aux outils de recherche mis à la disposition de notre Bureau d'enquête* que Félix Séguin, journaliste à TVA Nouvelles, a réussi à consulter des centaines d'heures d'aveux de Gérald Gallant aux policiers. Sans oublier les milliers de pages de documents judiciaires et médicaux qui ont servi de base à cet ouvrage remarquable (qui va beaucoup plus loin que les reportages qu'ils ont réalisés jusqu'à aujourd'hui).

Cette mine de renseignements a été enrichie grâce à de longues recherches, à la collecte de nouveaux documents et à la réalisation de récentes entrevues. Mais aussi grâce aux contacts et à la mémoire des auteurs. Gérald Gallant a sévi durant tellement d'années au Québec, et particulièrement dans la région de Québec, que le journaliste Éric Thibault (alors à l'emploi du *Journal de Québec*) a lui-même couvert plusieurs de ses crimes, sans évidemment savoir qui en était l'auteur à l'époque. Gallant s'est même permis d'écrire à ce journaliste, aujourd'hui à l'emploi du *Journal de Montréal*. J'oubliais, jusqu'à ce que les auteurs me le disent, que j'avais moi-même couvert quelques-uns de ses crimes lorsque j'étais reporter sur le terrain, c'est tout dire.

L'histoire de Gallant est passionnante, parce qu'elle nous introduit dans un univers inconnu du grand public. Elle est surtout terrifiante à plusieurs égards.

Premièrement, elle met en lumière les faiblesses du système de justice canadien. On constate avec quelle facilité un sacré menteur peut réussir à se négocier des peines carcérales à rabais. Si la Commission des libérations conditionnelles n'avait pas été manipulée par Gallant, son bilan criminel serait forcément moins lourd. En même temps, c'est en prison que Gallant rencontrait la plupart de ses complices. Cela montre à quel point la prison peut corrompre son homme et devenir une école du crime qui encourage la récidive au lieu du contraire. Les peines à purger dans la communauté imposées à des collaborateurs de Gallant dans certains meurtres, une tape sur les doigts ou presque, laissent aussi songeur.

Deuxièmement, Gallant nous fait réaliser – et c'est plus troublant encore – à quel point il est facile de tuer, même des gens qui sont censés être sur leurs gardes. Gallant avait développé ses propres techniques, mais ce n'était pas là une grande science, et il n'était certainement pas un génie. Au contraire. Pour éliminer quelqu'un, il suffit de posséder quelques milliers de dollars et ça, ça fait peur.

Troisièmement, il est aussi terrifiant de penser qu'il existe des « professionnels du meurtre », comme Gallant disait de lui-même dans ses déclarations à la police. Qu'un tueur à gages puisse mener une vie normale en apparence, dans une petite municipalité comme Donnacona, s'habiller chez Wal-Mart; bref, avoir l'air de monsieur Tout-le-monde, cela est renversant. Lire qu'un homme pouvait tuer à répétition, au point de finir par oublier quel type d'arme il utilisait, et même le nom de certaines de ses victimes, glace le sang.

Il n'y a pas de doute que Gallant est un menteur, un manipulateur, un psychopathe dangereux. Éric Thibault et Félix Séguin ne sont pas dupes. Ils ne sont pas tombés dans le piège de glorifier le personnage. Ce n'était pas simple, car ce récit est en quelque sorte une autobiographie, puisque c'est avant tout Gallant qui raconte ses crimes aux policiers. Les auteurs interviennent habilement avec d'autres témoignages, et le contenu de lettres et de rapports médicaux, pour mettre en contexte les révélations de Gallant et présenter le personnage sous son vrai jour. Bonne lecture!

Dany Doucet
Rédacteur en chef du *Journal de Montréal*
Responsable du Bureau d'enquête

*Les médias membres du groupe Québecor (Le Journal de Montréal, Le Journal de Québec, TVA Nouvelles, le canal Argent et l'Agence QMI) ont créé, il y a deux ans, une unité journalistique autonome baptisée «le Bureau d'enquête».

PROLOGUE

Sa porte de garage s'est ouverte. Je suis rentré. Il l'a refermée.

Mon ami m'a mentionné qu'il y avait encore des petites gouttes de sang sur l'aile arrière de ma voiture et sur le *bumper*. C'était une voiture blanche alors ça se remarquait assez. Il m'a dit :

« C'est pas grave, on s'en occupera après. »

Je l'ai aidé à installer le poêle.

On a sorti le corps. On l'a mis dans un baril en plastique. On l'a déshabillé. J'ai fouillé dans ses poches. Il n'avait pas 100 $ sur lui mais il y avait des petits sachets de drogue. De la poudre blanche.

Dans son portefeuille, il y avait une découpure de journal avec une photo. Je l'ai reconnu. C'était lui sur la photo mais beaucoup plus jeune. L'article relatait un vol à main armée. De toute façon, tout a été brûlé.

Mon ami a sorti un genre de scie, en long. J'oublie le nom de cette scie-là. Mon doux, ça ressemble à un gros couteau électrique ! Les dames se servent de ça pour couper des morceaux de viande. Mais c'est une scie de construction...

Alors mon ami, bon ben, il me dit : « Veux-tu commencer à le découper ? »

CHAPITRE 1

LE JOUEUR DE CARTES

8 DÉCEMBRE 2006, QUARTIER GÉNÉRAL DE LA SÛRETÉ DU QUÉBEC, DISTRICT DE LA CAPITALE-NATIONALE– CHAUDIÈRE-APPALACHES, VILLE DE QUÉBEC

Gérald Gallant est branché au détecteur de mensonges. Il a les mains moites. Il a dormi à peine deux heures, la nuit dernière. «Si vous trouvez que j'ai un petit tremblement, c'est que je fais beaucoup d'anxiété depuis quatre, cinq mois. C'est comppp..., ça se comprend avec tout ce qui se passe», dit-il au polygraphiste Alain Turbide, en essayant vainement de réprimer un bégaiement.

Après avoir longuement discuté sur le ton de la camaraderie, ce dernier décide de le mettre à l'épreuve.

Il demande à l'homme de 56 ans de choisir un numéro parmi une série de cartes, sans le lui dévoiler. Une fois que son choix sera fait, Alain Turbide va lui montrer chacune des cartes du jeu en lui demandant s'il s'agit du bon chiffre. Gallant doit répondre «non» à chacune des cartes que le polygraphiste va lui exhiber. Même devant celle qu'il a choisie.

— Gérald, c'est rare que je le montre mais je vais te le montrer aujourd'hui, dit le policier en souriant, au terme de l'exercice. Sans que tu me dises le numéro que t'as choisi, c'est moi qui vais te le dire. As-tu senti quelque chose de différent quand t'as menti?
— Pas vraiment...
— Regarde la ligne verte au numéro 7. C'est assez évident. Regarde les autres

chiffres, t'as pas menti. Et regarde bien comment l'appareil ne ment pas lui non plus.

— Oui, oui...

— Je t'annonce que t'es pas un bon menteur, Gérald ! s'exclame le polygraphiste.

GENÈVE, 10 MAI 2006

Bonjour Claudine,

Vendredi le 5 mai, je me suis fait arrêté à Genève (Suisse) par la police, j'étais à l'hôtel à ce moments là... Je ne comprenais pas ce qui m'arrivais. Ils m'ont conduit au poste de police et ils ont trouvé de fausses pièces d'identité. Ils ont essayé de me questionné et j'ai refusé. J'ai demandé à voir une personne du consulat canadien à Genève pour qu'il m'explique la loi suisse et de voir aussi un avocat.

Par la suite, j'ai eu des douleurs à la poitrine, ils m'ont conduit à l'hopital le vendredi soir et hier, le 9 mai, ils m'ont fait passé un talium au persantin pour voir si tout mes artères étais correct. Heureusement, tout est normal. Je leur ai dit les médicaments que je prenais au Canada et je recois la même médication qu'au Canada.

Aujourd'hui, mercredi le 10 mai, je suis sortis de l'hopital et j'ai été placé dans une prison. J'attend toujours pour voir l'avocat et une personne du consulat canadien. Je devrais les voires sou peu.

Honnetement je ne pensais jamais que cela m'arriverais un jour. Un jour je vais savoir la cause du pourquoi je suis en prison.

Surtout ne t'inquiète pas pour moi. Je suis bien traité en tout points. Je fais beaucoup de cellule, il y a une télévision dans ma cellule. Plusieurs parles français. La Suisse c'est français.

Je n'ai pas l'intention de faire trainer les choses ainsi. Après avoir discutté avec mon avocat j'ai l'intention de plaider coupable, faire ma sentence et retourner la plus vite possible à la maison.

Pour les choses courantes de la maison, tu ne devrais pas avoir de problèmes, le réparateur pour la laveuse devrais passer te voir bientot. Demande lui qu'il te laisse son numero au cas que d'autres appareils électriques briserais.

Demande à ton frère pour qu'il t'aide pour l'entretien de la maison et du terrain.

Tu sais Claudine, souvent on ne se rend pas compte qu'il y a une personne importante à coté de nous. C'est quand on se retrouve isolé dans une autre pays que l'on s'en rend compte.

Surtout ne t'inquiète pas pour moi. Moi je vais m'inquiété pour toi, à savoir si tout se passe bien. Tu sais comment je suis, c'est dans ma nature. Je vais essayé de te téléphoner car ici c'est un peut difficile. Je vais essayé.

Je m'excuse pour le probleme mais ce n'est pas voulue. Aussitôt que j'ai des nouvelles de l'avocat et de l'ambassade, je te le fais savoir.

Lache pas, je sais que tu es forte.

Je t'aime xxxx
Gérald

p.s. Envoie-moi des photos de toi. Les telephones sont toujours ecoutés lorsqu'on va se parlé ensemble, ainsi que les lettres sont lu aussi.

5 JUILLET 2006,
POSTE DE POLICE DE GENÈVE, SUISSE

— Je peux t'appeler Gérald?

— Oui, certainement, répond calmement le suspect.

— Mon nom est Pierre Frenette, je suis policier à la Sûreté du Québec. Je suis accompagné de Claude St-Cyr, de la police de Québec. Aujourd'hui, on est le 5 juillet 2006. On est à Genève, en Suisse. Il est 10 h 47. Tout ce qu'on dit est enregistré. C'est beau?

— OK.

— Hier, on s'est rencontrés au palais de justice de Genève, devant un juge. On ne s'était jamais vus avant.

— Non.

— Vous avez été avisé qu'il y avait une demande des policiers canadiens. De nous, en fin de compte. À propos d'un meurtre survenu au Canada, et qu'on voulait vous rencontrer.

— Oui.

— Je vous ai avisé qu'on avait un mandat d'arrestation contre vous pour le meurtre d'Yvon Daigneault et la tentative de meurtre sur Michel Paquette, survenus à Sainte-Adèle, au Québec, le 30 mai 2001.

— Supposons...

— On a parlé de vous et de plusieurs choses. Je vous ai expliqué qu'on détient une preuve d'ADN contre vous dans le dossier du meurtre à Sainte-Adèle. Pour nous autres, c'est un dossier qu'on considère comme étant résolu. Vous comprenez en quoi ça consiste, une preuve d'ADN?

— Hum, hum...

— En plus, je vous ai expliqué que vous êtes soupçonné d'avoir commis plusieurs meurtres sur une période assez longue, dans la province de Québec, pour une organisation qu'on appelle le gang de l'Ouest. Je vous ai expliqué que pour nous, cette organisation-là est importante. C'est une organisation puissante. Vous n'avez pas fait d'aveux, mais vous avez souvent dit «mettons» ou «supposons que ce serait vrai...». Et assez rapidement, vous m'avez demandé: «Qu'est-ce qui va m'arriver?»

— Hmmm...

— Vous m'avez dit: «J'ai 56 ans, je suis malade, j'ai des problèmes cardiaques.»...

— Oui.

— Vous m'avez parlé de votre conjointe au Canada, Claudine, qui pour vous est super importante.

— C'est prioritaire.

— Vous m'avez dit que vous aviez une dette importante, que vous risquiez de perdre votre maison...

— Oui.

— Et que le gang de l'Ouest était très puissant. Que vous le connaissez très bien parce que vous avez travaillé pour eux. Que vous connaissez un paquet d'individus de ce gang-là et que vous les craignez beaucoup.

— Oui. Encore aujourd'hui.

— Je vous ai expliqué qu'il y a une procédure au Québec pour des gens qui voulaient agir à titre de témoins repentis et qui désirent collaborer avec les policiers.

— Oui.

— Qu'il y a un comité sur lequel siègent un membre de la Sûreté du Québec, un du ministère de la Justice, un du ministère de la

Sécurité publique, un membre du Conseil du trésor et un des Services correctionnels. Que des négociations étaient possibles avec ce comité en échange de la collaboration des témoins repentis, pour des sentences, des frais de subsistance, des changements d'identité, de la protection.

— OK.

— Je vous ai aussi dit que pour faire ces demandes-là, il faut une collaboration totale avec les policiers. Il vous faut dire tous les crimes que vous avez commis et aider l'État à les résoudre.

— OK.

— Après, il y aura même un test du polygraphe, le détecteur de mensonges, qui vous sera demandé.

— Oui.

— J'ai compris que ce que vous pourriez nous dire aurait un impact immense. Que vous craignez pour votre vie. Et que vous avez décidé de nous raconter vos crimes. Mais que ça faisait longtemps et que vous aviez des trous de mémoire.

— Oui.

— Bien. Voulez-vous avoir recours aux services d'un avocat ? Désirez-vous vous prévaloir de votre droit au silence ? Vous avez le droit de garder le silence...

— Non.

— Bon. Alors, monsieur Gallant, au meilleur de votre souvenir, j'aimerais que vous me disiez quelle était votre implication dans ce gang.

— J'étais... un soldat.

Deux mois plus tôt, le 5 mai 2006, Gérald Gallant célèbre son 56e anniversaire de naissance à l'hôtel

Excelsior, un 3 étoiles situé près de la gare et de l'aéroport de Genève. Mais pour lui, c'est «un palace». Un «5 étoiles».

Amateur de voyages, le prévenu de cinq pieds et huit pouces n'est pas en vacances. Il est ici pour le boulot. En une petite semaine de travail, il accumulera pas moins de 100 000 $. Le contrat le plus payant de sa vie. Il se dit qu'il s'acquittera enfin de ses dettes. Quelques semaines avant de partir à Genève, il n'a plus que 72,94 $ dans son compte à la Caisse populaire. La somme impayée sur ses cartes de crédit s'élève à 45 000 $. Il craint de se faire saisir sa maison, à Donnacona, où il vit avec sa conjointe Claudine depuis une vingtaine d'années.

En compagnie d'un arnaqueur associé au gang de l'Ouest, Gallant doit écumer des bijouteries suisses, où il achète des montres haut de gamme avec des cartes de crédit falsifiées. Les Québécois ont auparavant déjà conclu un pacte avec deux fraudeurs français, avec lesquels ils ont rendez-vous à l'aéroport Roissy-Charles-de-Gaulle dès leur descente de l'avion, qui les a menés de Montréal à Paris. Les Français sont chargés d'écouler la marchandise sur le marché noir européen.

On a donné à Gallant une liste de montres à dérober, dont le prix varie de 5 000 $ à 25 000 $. En une semaine, il floue près d'une vingtaine de commerces d'environ un quart de million de dollars.

Gallant se pavane avec un complet Versace, une montre Cartier, ainsi qu'un portefeuille Louis Vuitton pour rassurer les vendeurs et masquer sa nervosité, qui accentue son bégaiement. Heureusement pour lui, les commerçants n'y voient que du feu. Gallant a le don d'avoir l'air sympathique.

Encore trois semaines à berner des bijouteries au pays du chocolat et Gallant compte rentrer chez lui, plus riche de 400 000 $. On lui a promis 40 % des recettes de cette combine.

Mais le mirage s'évanouit le jour de son anniversaire, quand les policiers débarquent à l'hôtel pour l'appréhender.

Tout ce qu'on lui dit, c'est qu'une de ses cartes de crédit clonées n'a pas fonctionné.

Et maintenant, Gallant se retrouve assis sur une chaise en bois, dans un coin d'une petite salle d'interrogatoire aux murs blancs, sans air climatisé, au poste de police de Genève.

Deux policiers québécois aux cheveux plus gris que les siens et vêtus d'un costume-cravate, sont en train de le cuisiner, pendant qu'une caméra vidéo capte chaque instant, du coin de la pièce surchauffée où elle est située.

Gallant ne porte pas son veston Versace, juste une chemise grise à manches courtes, dont il a défait les trois boutons du haut. Sur son pantalon noir, il s'essuie les paumes de temps à autre.

L'enquêteur St-Cyr a beau avoir entrouvert la fenêtre, le bruit strident des sirènes des ambulances et des voitures de police qui filent régulièrement à l'extérieur ne fait qu'alourdir l'atmosphère.

La veille, lors de leur rencontre au palais de justice de Genève, les policiers Frenette et St-Cyr ont montré à Gallant le mandat d'arrestation émis contre lui pour le meurtre à Sainte-Adèle. Il l'a lu, le visage impassible.

«Ça me dit rien, leur a-t-il dit calmement. Je ne suis jamais allé dans ce coin-là.»

Il a aussi répondu: «Je ne comprends pas», à plusieurs de leurs questions.

Gallant affirme aux policiers qu'il a des trous de mémoire à la suite d'un infarctus subi au début des années 1990.

«On m'a dit que j'ai déjà été boucher pendant deux ou trois ans», mentionne-t-il aux enquêteurs, en laissant entendre qu'il n'a aucun souvenir de ce fait.

Mais Gallant retrouve soudainement un peu de mémoire quand les policiers lui signalent qu'ils détiennent une preuve d'ADN quasiment irréfutable démontrant qu'il se trouvait sur les lieux de ce meurtre commis en 2001.

« On a une preuve d'ADN contre vous... On vous soupçonne de plusieurs meurtres... ».

Aujourd'hui, ces deux petites phrases de l'enquêteur Frenette semblent se répéter en boucle dans la tête du suspect. Il réalise que ces policiers, qui ont survolé l'Atlantique pour l'interroger, semblent déjà bien au courant de certains de ses crimes.

Est-ce un bluff de leur part ? Un écran de fumée pour le piéger ?

La dernière fois que Gallant s'était fait arrêter, c'était pour le hold-up d'une Caisse populaire, il y a 26 ans.

Ils lui offrent aujourd'hui de devenir délateur. Ou témoin repenti, comme ils disent. En échange de leur protection, pour lui et sa conjointe. Gallant sait trop bien que sa tête sera mise à prix par à peu près tous les clans du crime organisé au Québec, dès que les médias auront rapporté son arrestation.

Pour bénéficier de la protection de l'État, il doit cependant confesser tous ses crimes et dénoncer ses complices. Tous.

Gallant décroise finalement ses bras. À l'âge de 14 ou 15 ans, il s'est fait tatouer les deux avant-bras pour essayer de se donner un air de dur. Son prénom sur le gauche. Et une dague – un couteau à deux tranchants – sur le droit. Des tatouages qu'il camoufle en mettant des chandails ou des chemises à manches longues à chaque fois qu'il commet un crime, pour ne pas laisser d'indices incriminants à d'éventuels témoins oculaires.

Il prend une gorgée de sa canette de Coke, que les policiers ont déposée à sa droite, sur une table de verre.

Et le soldat décide d'ouvrir son jeu. Juste un peu. Peut-être parviendra-t-il à s'en tirer en négociant une peine réduite, comme plusieurs autres délateurs dont il a déjà entendu parler. Les policiers ne lui ont-ils pas parlé de la possibilité de conclure pareil marché avec la justice québécoise?

De façon assez expéditive, et sans entrer dans les détails, il commence par avouer sa participation à quelques meurtres, à une tentative de meurtre, ainsi que son rôle dans un complot pour meurtre.

— Est-ce que vous pensiez un jour résoudre tout ce paquet-là? leur demande-t-il avec un sourire en coin.

— Plusieurs, répond l'enquêteur Frenette, flegmatique.

— Oui, mais pas tous.

— Moi, quand j'allais à l'école, si j'avais 80%, j'étais content, rétorque le policier.

— Super, convient le tueur, en relaxant. Très bonne note.

CHAPITRE 2

—— LE SOUFFRE-DOULEUR ——

Gérald Gallant est né le 5 mai 1950, à Chicoutimi, au Saguenay. Il est l'avant-dernier d'une famille de cinq enfants. Quatre garçons et une fille.

Lui aussi, il aurait été content d'avoir des notes de 80 % sur les bancs d'école. Mais il collectionne les échecs.

Élève médiocre, il a fini par réussir sa 5e année à l'âge de 15 ans, en classe auxiliaire avec d'autres élèves éprouvant des difficultés d'apprentissage, avant de décrocher.

C'était le souffre-douleur de la classe. Les autres écoliers se moquaient constamment de lui, parce qu'il bégayait sans arrêt. Plus on riait de lui et plus Gallant peinait à expulser les mots de sa bouche.

Il butait même sur son nom de famille. Encore aujourd'hui, lorsqu'on lui demande de décliner son identité, il répond d'abord : « Gérald », puis, invariablement, il hésite une seconde avant d'ajouter : « Gallant ».

« Je pleurais souvent. Je me sentais rejeté par les autres élèves, mais aussi par les professeurs parce que je prenais beaucoup de temps à parler. »

Gallant restait à l'écart et s'est fait peu d'amis parmi ses camarades de classe. Il faisait souvent l'école buissonnière.

Le jeune Gérald avait un potentiel intellectuel sous la moyenne. Outre ses piètres résultats scolaires, il n'avait obtenu qu'une note de 88 lors d'un test visant à mesurer son quotient intellectuel.

Malgré les railleries incessantes dont il était la cible, il n'était pas du genre à régler ses comptes en se bagarrant dans la cour d'école. Il était trop frêle pour espérer se faire respecter avec ses poings.

Gallant avait une santé fragile. Quand il était petit, des médecins ont annoncé à ses parents qu'il avait un souffle au cœur.

« C'était de famille, les problèmes cardiaques. Alors, mes parents m'ont fait un peu peur avec ça. On dirait que ça m'a mis craintif un peu concernant ma santé. »

Vers l'âge de 10 ans, il est opéré pour une appendicite. Et quelques années plus tard, il consulte un médecin en raison de douleurs persistantes à une jambe. Diagnostic : l'enfant souffre de rhumatismes, une « maladie de vieux ».

— Quelle est l'expérience la plus traumatisante que tu as vécue dans ta vie ? lui demande Alain Turbide, le polygraphiste de la Sûreté du Québec, en décembre 2006.

— Mon enfance, répond-il sans même prendre le temps de réfléchir. Et il ne fait pas seulement référence à ses déboires à l'école.

8 DÉCEMBRE 2006, QUARTIER GÉNÉRAL DE LA SÛRETÉ DU QUÉBEC, DISTRICT DE LA CAPITALE-NATIONALE – CHAUDIÈRE-APPALACHES, VILLE DE QUÉBEC

— Qui est la personne que tu respectes le plus dans ta vie? demande le polygraphiste Turbide.

— Mon père. Il s'appelait Gérard. Il est décédé en 1983. On avait une excellente relation. Excellente. Je m'entendais très bien avec mon père. Il travaillait beaucoup manuellement. Je l'aidais beaucoup. Il me montrait à faire telle ou telle chose.

Gallant a les yeux dans l'eau en parlant de son père, contremaître à l'aluminerie Alcan d'Arvida pendant 33 ans. Chaque été, Gallant se fait un devoir d'apporter des fleurs sur sa tombe.

Les années précédant sa mort, son père avait commencé à avoir beaucoup de pertes de mémoire. Il faisait aussi de l'artériosclérose. «Certaines journées, il ne me reconnaissait même pas», dit-il au policier spécialisé dans la détection du mensonge.

Gérard Gallant était un homme «très affectueux», d'après plusieurs rapports d'évaluation des autorités carcérales rédigés au sujet de son fils Gérald, au cours des années 1970 et 1980. Ces documents ont aidé les policiers de la SQ à connaître Gérald Gallant avant de tenter de lui soutirer des aveux.

Si son père était «sobre, compréhensif et ouvert au dialogue», il était aussi trop permissif sur le plan disciplinaire, aux yeux des services correctionnels canadiens, qui avaient alors la tâche de favoriser la réhabilitation de Gallant.

«Il accordait à ses enfants une liberté d'action beaucoup trop grande, en particulier peut-être à l'égard du sujet qui estime avoir été le plus gâté de tous. Pour autant que [Gérald] se souvienne, son père n'aurait jamais usé à son endroit d'aucun châtiment corporel. Le contact aurait toujours été excellent avec lui, dit-il. Il l'aime beaucoup», écrivait un préposé au classement du pénitencier Saint-Vincent-de-Paul, après sa rencontre avec Gallant, en octobre 1970.

Assis face au polygraphiste Turbide, le délateur semble momentanément perdu dans ses pensées. Et il se doute bien de la question qui va suivre.

— À l'inverse, qui est la personne que tu respectes le moins?

— Ma mère, répond-il sans hésiter. Elle s'appelait Rose-Blanche. J'ai été battu beaucoup par cette personne-là. J'ai été élevé dans la violence par elle. Ça me fait rien de vous le dire.

Sa mère, de dix années plus jeune que son père, était couturière. Une femme fière, mais que Gérald décrivait aussi comme «autoritaire, directive, peu affectueuse et facilement irritable». Plus jeune, il la craignait beaucoup.

Elle l'enfermait dans une garde-robe en guise de punition quand il était petit, a aussi confié Gallant à Raymond Bouchard, un haut gradé du gang de l'Ouest qui allait devenir un des principaux complices du tueur.

Vers la fin des années 1960, pour arrondir les fins de mois, «elle faisait la plupart de sa couture au domicile même de ses clients, y trouvant ainsi un excellent prétexte à tromper son mari», a également déclaré Gallant aux services correctionnels. Il a affirmé l'avoir déjà surprise avec d'autres hommes.

Les querelles conjugales étaient fréquentes. Sa mère «dominait complètement» son père et «on prenait tous la part du père contre elle».

Le jeune Gérald se disait révolté par la conduite de sa mère.

— Avant la mort de mon père, je me suis vidé le cœur de tout ce que je pensais d'elle, a relaté Gallant au polygraphiste de la SQ. Ça m'a fait du bien. Je l'ai revue dix ans après. Ç'a été une grave erreur de ma part. Je suis sorti de cette visite-là très mal. Elle n'avait pas changé et je n'ai plus eu de contact avec elle après ça.

Gérald Gallant ne se souvenait même pas de l'année du décès de sa mère, en passant ce test.

— Ça fait environ deux ou trois ans, je crois. Il y en a qui vont peut-être trouver ça dur ce que je vais dire mais... J'ai pas... J'ai pas assisté à ses funérailles. C'est mon choix. Je me sentais mieux de même.

CHAPITRE 3

L'AMNÉSIQUE

5 JUILLET 2006,
POSTE DE POLICE DE GENÈVE

— Si il y a des procès, je vais me faire bombarder par les avocats, s'inquiète Gallant devant les deux enquêteurs québécois. Faudrait pas que les avocats de la défense aient mes rapports médicaux parce qu'ils vont s'en servir en sacrifice ! S'ils savent que j'ai des trous de mémoire...

— La meilleure façon de répondre à des questions, c'est en disant toujours la vérité, tu comprends ? intervient alors l'enquêteur St-Cyr.

— C'est pas que je veux pas parler. Je cherche. J'ai des blancs de mémoire. Si vous avez des doutes, c'est prouvé. Quand tu dis que je me souvenais même pas de mmmm... mon père, c'est quelque chose, ça, t'sais...

— Essaie pas de me convaincre, j'ai pas de doute. Je sais que tu es malade, laisse tomber l'enquêteur Frenette dans la petite salle d'interrogatoire aux murs blancs.

— C'est pour ça que c'est plus lent, un petit peu.

— Je comprends ça.

— T'as mes médicaments ? demande Gallant.

— Oui, j'en ai, dit le policier St-Cyr.

— Peut-être une pour le mal de tête. Je pense qu'il m'en reste une.

— On va regarder.

— C'est la grosse blanche. On prend-tu une petite pause de quelques minutes ?

— On peut.

26 FÉVRIER 2007,
EXTRAIT DE LA DÉCLARATION DE CLAUDINE X,
CONJOINTE DE GALLANT, AUX POLICIERS
DU PROJET BALADEUR :

Gérald a fait une crise de cœur en 1990, puis s'en est suivie une dépression pour environ un an. Il a eu deux pontages et un an plus tard, la pose de deux tuteurs. [...] Il m'a dit qu'il avait inventé toutes sortes d'affaires au psychiatre et que sur le tapis roulant, il s'arrêtait même s'il pouvait en faire plus.

GENÈVE, JEUDI 17 MAI 2006

Bonjour Claudine,

C'est la troisième lettre que je t'écris, j'espère que tu as reçu les deux premieres, le courrier est assez long car les lettres passes par la censure.

Aujourd'hui j'ai reçu la visite de mon avocate. Je lui ai mentionné que je voulais plaidé coupable le plus rapidement possible. Elle me prend sur l'aide juridique car notre revenu mensuel nous permet juste de vivre, ma rente d'invalidité total...

Lorsques j'ai passé à la cour, ils ont dit que j'avais des antecedents judiciaires. J'ai dit que je ne me souvenais pas de cela car en 1990 j'ai fais un infarctus important et que j'ai perdu presque la totalité de ma mémoire et que j'étais suivi par le médecin [...] dans ce temps-là, surement qu'elle va communiquer avec lui.

A la prison le médecin me voit regulierement pour mes angoise majeures, même chose que le docteur [...] faisait avec moi. Ne t'inquiète pas, il controle régulièrement ma pression, pour mon cœur j'ai des médicaments à tout les jours.

Claudine j'aimerais que tu m'envoie à chaque mois 200,00 $ pour que je puisse me procuré des articles essentiel sur la cantine. Tu va aller au bureau de poste et tu va demandé un mandat-poste international de 200,00. Tu marques mon nom sur le mandat et tu me l'envoie dans une de tes lettres. Demande au cousin André de t'aidé car je sais que tu n'a pas beaucoup d'argent. [...]

Garde un bon courage, quand je vais revenir à la maison nous nous occuperons juste de nous deux. A notre âge, c'est le temps d'y penser. J'essaie de gardé un bon moral, fais pareille de ton bord, ca va être ta façon de m'aider a passé au travers de tout cela. OK. Si tu recois des chèques d'aides gouvernementale, depose les comme d'habitues pour payé les dettes.

Je t'aime
Gérald xxxxxx

29 NOVEMBRE 1994, EXTRAIT D'UNE LETTRE D'UN NEUROLOGUE DE QUÉBEC AU MÉDECIN DE GALLANT :

RE : Gallant, Gérald

Cher docteur,

J'ai réévalué à votre demande cet homme que j'avais évalué en détails déjà l'an dernier et quelques années auparavant pour un problème de céphalées chroniques. Le problème de céphalées chronique est encore entier, céphalées continuelles, non migraineuses, un petit peu postérieures mais aussi pancrâniennes surtout, pour lesquelles le patient prend de l'Atasol tous les jours et du Fiorinal C1/2 tous les jours.

Cet homme est traité aussi en psychiatrie. Il prend plusieurs médicaments du côté psychiatrique. Il prend du Paxyl, du Restauril, de l'Ativan et du Xanax. Il a un gros problème apparemment d'anxiété et de dépression.

Cet homme a aussi une maladie cardiovasculaire. Il a fait de l'angine, en fait encore et a eu un pontage aorto-coronarien. Il prend une lourde médication de ce côté-là aussi. Il prend Cardizem, Lopresor, Isordil, Nitro, Entrophen et Mévacor.

À la suite d'une perte de connaissance d'allure syncopale de 5-6 minutes, il y a à peu près quatre mois, cet homme dit qu'il n'a plus aucune mémoire avant ce moment-là. Depuis ce temps-là également, il a de la difficulté un peu à se rappeler des informations nouvelles et il a aussi de la difficulté à fonctionner, à lire, à regarder la télévision, etc... Il n'a pas travaillé je pense depuis le pontage aorto-coronarien il y a plus de deux ans. [...]

À l'examen neurologique aujourd'hui, le patient est [...] très lent, apathique, a une allure très déprimée. Aussitôt que je tente de tester certains éléments, il me dit qu'il est trop fatigué pour faire le test. Il est quand même bien orienté, il sait sa date de naissance. Il dit qu'il se rappelle très vaguement de la journée de son mariage et qu'il ne se rappelle finalement d'à peu près rien avant le mois d'août cette année. [...]

Opinion :
Évidemment, une des questions ici est de savoir s'il y a une lésion cérébrale causant le trouble de mémoire extrêmement important de ce patient. Je serais très surpris qu'il y ait une lésion cérébrale importante pouvant causer ce type de trouble de mémoire. Il est quand même, je pense, considérant la sévérité du déficit, le problème très important global clinique, intéressant et utile de faire une investigation pour éliminer d'autres pathologies cérébrales. [...]

2 MARS 1995, EXTRAIT D'UNE LETTRE D'UNE PSYCHOLOGUE DE L'HÔPITAL DE L'ENFANT-JÉSUS DE QUÉBEC AU MÉDECIN DE GALLANT :

Docteur,

J'ai bien rencontré votre patient, M. Gérald Gallant, le 95-02-14, pour une évaluation neuropsychologique pour des troubles de mémoire rétrograde.

M. Gallant s'est présenté à son rendez-vous en compagnie de sa conjointe [...]

Comme vous le savez, ce jeune homme de 45 ans, droitier, et dont les antécédents vasculaires familiaux et personnels sont chargés, présenterait depuis août 94 une amnésie rétrograde totale. Le patient étant incapable de donner une histoire précise des événements, le questionnaire a été complété avec sa conjointe.

Mme [...] nous raconte que les troubles mnésiques sont apparus de façon soudaine i.e. immédiatement après la crise d'angine du mois d'août 94. Le patient n'aurait pas eu le temps de prendre son comprimé de Nitro et aurait perdu conscience. Amené à l'hôpital Laval pour recevoir les soins requis par son état, on aurait constaté que le patient était incapable de se souvenir de son passé. Il aurait rencontré un psychiatre à cet effet au moment de son hospitalisation.

Depuis, sa conjointe nous dit qu'il ne fait plus aucune activité, sauf de la marche quelques minutes par jour, et toujours accompagné. Il n'est plus capable de lire, car cela lui demande trop de concentration. Il oublie souvent où il a placé ses objets personnels et les cherche constamment. Elle nous décrit aussi combien il est anxieux depuis sa chirurgie cardiaque (le 13 mai 1992) et comment il vit dans la peur que son état se complique. Par exemple : il est incapable de rester seul, il ne peut aller dans des endroits où il y a beaucoup de gens sans faire des attaques de panique.

Comportement en entrevue :
M. Gallant était plutôt calme et a dit ne pas avoir éprouvé d'anxiété à l'idée de venir passer des tests. Il est conscient de ses troubles et ne sait pas pourquoi cela lui arrive. Pendant l'évaluation, on remarque surtout une grande lenteur psychique et motrice. Il démontre des difficultés d'attention et de concentration ainsi qu'une grande fatigabilité. Répondre aux questions semble très laborieux : il hésite beaucoup et dit ne pas pouvoir répondre car il ne se souvient de rien. À chacune des questions, il répond toujours de la même façon : « Je ne m'en souviens pas mais on m'a dit que... »

Il se souvient qu'on lui a dit qu'il était dans la quarantaine, qu'il était né à Chicoutimi et qu'il avait trois frères et une sœur.

Aux tests, nous sommes impressionnés par l'ampleur de l'amnésie rétrograde du patient. Par exemple : il ne sait pas le jour exact de sa naissance, son lieu de naissance, le nom de ses frères et même le nom de famille de sa conjointe avec qui il vit depuis 13 ans. Il a dit également ne pas avoir d'enfant, alors qu'après vérification auprès de sa conjointe, il aurait un fils de 14 ans avec qui les relations sont conflictuelles [...]

Impression clinique :
Nous sommes donc en présence d'un patient dont le comportement manifeste ressemble beaucoup à celui des patients déprimés. En effet, il se fatigue très vite, ne fait aucun effort et dit qu'«il ne sait pas» ou qu'«il n'est pas capable».

On peut aussi s'interroger sur le fait que le patient ne semble pas vraiment inquiet de sa difficulté mnésique et qu'il avoue ne pas faire d'effort pour se souvenir car «ça lui donne mal à la tête».

De plus, l'amnésie rétrograde ne touche pas un épisode en particulier de sa vie mais semble totale, ce qui est assez troublant. Il existe en plus une difficulté au niveau de sa capacité à enregistrer de nouvelles informations ; ceci possiblement à cause de sa grande difficulté d'attention/concentration due à l'état affectif dans lequel il se trouve actuellement et à la lourdeur de sa médication.

Nous ne pouvons pour l'instant que constater l'importance de la composante affective dans le tableau actuel du patient ainsi que les limites que celle-ci nous impose dans notre capacité à l'évaluer.

Tant que ses capacités d'attention/concentration ne seront pas meilleures, nous ne pourrons aller plus loin. Pour l'instant, le patient est suivi de façon régulière par son psychiatre, ce qui nous semble la meilleure avenue pour le moment.

CHAPITRE 4

LE PREMIER

5 JUILLET 2006,
POSTE DE POLICE DE GENÈVE

— C'est quoi ton prénom, déjà? demande Gallant à l'enquêteur St-Cyr, un des deux policiers canadiens qui l'interrogent en Suisse.

— Claude, répond le sergent-détective que le Service de police de la Ville de Québec a «prêté» à la Sûreté du Québec pour qu'il participe au projet d'enquête Baladeur, puisqu'une demi-douzaine de meurtres que Gallant est soupçonné d'avoir commis a eu lieu dans la capitale.

— Claude, c'est gros tout ça, hein?

— On est conscient de ça. On vous comprend.

— Moi, si j'acceptais ces contrats-là, c'est parce que ma rente d'invalidité n'était pas énorme.

— Ça coûte cher, la vie.

— Je regrette ce que j'ai fait. Mais pas parce que je me suis fait arrêter. Ça faisait au moins quatre ou cinq ans que j'avais tout arrêté.

— Le livre était fermé?

— Oui. On peut-tu prendre une autre pause?

— Il t'en reste combien à nous avouer? Nous autres, c'est ta version à toi qu'on veut obtenir. La version de Gérald Gallant. Même si on a plein d'informations dans le dossier, on les garde pour nous autres. On te transmet pas cette information-là parce que t'as pas à savoir ça. On travaille pour chercher la vérité.

— Je cherche...

— Le plus facile pour toi, ce serait peut-être de nous raconter ton premier?

— Ça, c'est loin...

Gallant réfléchit. Et il se met à faire le récit d'un meurtre commis en 1993, à Québec. Ce n'était pas son premier. C'était son dixième.

23 AOÛT 2006, QUARTIER GÉNÉRAL DE LA SÛRETÉ DU QUÉBEC, DISTRICT DE LA CAPITALE-NATIONALE – CHAUDIÈRE-APPALACHES, VILLE DE QUÉBEC

La 10ᵉ victime : Daniel «Dany» Paquet, 27 juillet 1993, à Québec

J'ai été contacté par monsieur Raymond Bouchard. Il m'a dit qu'il avait un contrat pour moi. Une personne à faire tuer.

Il est venu me montrer à quel endroit ça pourrait se faire. Dans un genre de petit resto qui vend de la crème glacée. Un bar laitier. Au coin de la 18ᵉ Rue et de Benoit-XV.

On est allés, il m'a débarqué à cet endroit-là. Je lui ai dit de revenir dans quinze ou vingt minutes, le temps de voir si l'endroit me convenait bien.

J'ai fait le tour du commerce et quelques rues aux alentours. Des ruelles aussi. Au bout de vingt minutes, monsieur Bouchard est revenu me voir. Je lui ai dit que l'endroit était parfait pour faire le contrat.

Je me souviens pas si c'était la même journée ou la journée d'après. Raymond Bouchard a contacté Dany Paquet en lui disant qu'ils devaient aller chercher un kilo de haschisch. Pour être capable de l'amener là où je devais le faire.

Il devait dire à Dany Paquet : «Attends-moi au resto de crème glacée» et repartir.

Moi, j'étais déjà installé à ce resto-là, assis à une table, dehors. J'avais un chandail long avec un genre de capine comme les jeunes portent, t'sais. Un capuchon. Sur moi, j'avais une arme que Raymond Bouchard m'avait procurée. Puis j'attendais depuis quinze minutes.

Il m'avait averti que le gars était assez grand et assez gros. C'était un ancien boxeur, je crois.

Puis là, je l'ai vu venir.

Raymond Bouchard avait une vieille voiture de couleur pâle. Je peux pas vous dire la marque, c'est trop loin. Il s'est arrêté quelques pieds devant moi.

Dany Paquet a débarqué. Raymond Bouchard est reparti. Le monsieur s'est enligné vers le petit restaurant pour aller se chercher un cornet de crème glacée.

Alors moi, je débarque de la table puis je m'en viens vers lui. Puis au moment où il allait ouvrir la porte, je l'ai tiré. Deux ou trois coups. J'ai visé la tête. Y'est tombé vers moi. Ensuite, je suis parti tranquillement vers la rue d'à-côté, qui donnait sur une ruelle. C'est probablement dans cette ruelle-là que j'ai jeté mon arme. Je me suis retourné une ou deux fois et personne me suivait.

Raymond Bouchard m'attendait dans une autre rue. J'ai traversé, toujours en ligne droite. Il m'attendait dans une voiture.

En partant, il me dit: «J'ai presque pas eu le temps de tourner le coin de la rue que j'ai entendu pow, pow, pow!». Il riait et il donnait des coups de tête en même temps qu'il criait pow!

Deux jours plus tard, je suis allé à la résidence de Raymond Bouchard. Il m'a remis 10 000 $. Il était très heureux.

24 OCTOBRE 2006, POSTE DE LA SÛRETÉ DU QUÉBEC, DISTRICT DE LA CÔTE-NORD, VILLE DE BAIE-COMEAU

La première victime : Gilles Legris, 28 décembre 1978, à Port-Cartier

Lorsque je suis arrivé dans la ville de Port-Cartier, j'ai rencontré un type que j'avais connu au vieux pénitencier Saint-Vincent-de-Paul. Je l'ai croisé dans un bar puis on s'est mis à parler.

Quelques semaines après ou quelques mois... C'est tellement loin. Il m'a demandé si je voulais l'aider à battre un gars qui avait écœuré sa blonde. Alors moi, j'ai dit : «Oui, ça me dérange pas.»

Il savait à quel endroit cet homme-là demeurait. Dans un bloc appartements sur la rue Portage-des-Mousses. Alors, on l'a surveillé. J'avais mon véhicule personnel. Pour l'amener dans la voiture, j'avais une petite carabine .22 que j'utilisais pour aller tirer dans le bois. Quand il est sorti du bloc, l'individu – j'oublie son nom, je crois que c'est Beaulieu mais je suis pas sûr – s'est dirigé vers lui, il a pointé l'arme et lui a dit de nous suivre dans mon char.

Je crois que j'avais un Ford Gran Torino brun foncé comme voiture. On est partis vers la route 138. J'ai continué pour prendre un chemin dans la forêt. Y'avait des barres de fer à côté du siège arrière.

En sortant, [Beaulieu] a pris une barre de fer et il a fait sortir le type en question. Je suis sorti, j'ai pris une barre aussi et je l'ai frappé sur le corps.

Puis là, je me suis aperçu que l'individu dont je suis pas sûr du nom le frappait mais sur la tête.

J'ai dit : « Qu'est-ce que tu fais là ? C'était supposé être juste une volée puis ce gars-là va mourir. » Ça a continué, le gars a reçu encore quelques coups. Il était inerte.

Ça ne devait pas être un meurtre du tout. Ça a mal tourné.

J'étais très, très nerveux. Le cœur me battait de même...

Premièrement, dans mon coffre de char, y'avait pas de toile. Rien. Mais en voyant ça, on l'a embarqué dans mon coffre de char. Puis il m'a dit : « On va aller le jeter en bas du barrage Sainte-Marguerite. »

On s'est rendus là. On a fait ça très vite. C'était le soir. On l'a sorti puis on l'a jeté en bas. Il est tombé sur une dalle. Il manquait peut-être deux pieds pour qu'il tombe dans l'eau. On est repartis.

La journée d'après, j'ai vu qu'y avait beaucoup de sang dans mon coffre de char. Je travaillais pour le garage Pneus Métivier. J'ai demandé au boss du garage si je pouvais venir travailler sur ma voiture le soir, parce que j'avais des ennuis avec. Il m'a dit : « Pas de problème Gérald, rebarre bien la porte après. »

Alors j'ai nettoyé tout ça. J'avais amené une canne de peinture en spray qui sèche assez vite et un vieux tapis gris. J'ai tout arrangé le coffre. Rien ne paraissait.

CHAPITRE 5

LE VOLEUR

Les automobiles ont toujours occupé une place importante dans la vie de Gérald Gallant. Il en avait souvent deux dans son garage. Spacieuses et confortables, de préférence. Et de fabrication américaine.

Au sortir de l'adolescence, Gérald Gallant aime le cinéma, mais il n'affectionne pas particulièrement les histoires de truands et de policiers. Il a plutôt un faible pour «les films d'amour».

Pour un jeune bègue encore un peu timide, sortir avec sa propre voiture est un moyen de se faire des chums. Et de draguer.

Gallant commence à fréquenter «des filles assez faciles dans la plupart des cas». Il vit sa première relation sexuelle à l'âge de 16 ans.

Mais en 1968, au Québec, il faut attendre d'avoir 21 ans pour obtenir un permis de conduire. Gallant remédie au problème de lui-même.

«À 18 ans, j'ai eu mon permis de conduire en changeant ma date de naissance sur mon baptistaire, soit le 7 mai 1947. Tous mes antécédents judiciaires sont sur cette date-là, car [les policiers] m'identifiaient avec mon permis de conduire.»

C'est à ce moment qu'il commence sa carrière criminelle, en commettant des délits mineurs au sein d'un petit gang baptisé les Cosaques. Le souffre-douleur de la classe a enfin le sentiment d'avoir été accepté au sein d'un groupe. Il se «sent quelqu'un».

Le jeune Gallant aime conduire vite. Mais peu de temps après avoir obtenu son permis, il subit un traumatisme crânien sévère lorsque sa voiture fait des tonneaux dans une embardée. C'est à partir de ce moment qu'il commence à souffrir de maux de tête à répétition.

Gallant n'est pas adepte de sports à cette époque. Le seul sujet de lecture qui le passionne demeure les faits divers qu'il dévore dans les journaux spécialisés en matière d'actualités policières. Surtout les articles portant sur des vols à main armée.

Il enchaîne des boulots qui lui rapportent de 32 $ à 80 $ par semaine, mais il les abandonne tous assez rapidement: plongeur dans un restaurant, aide-cuisinier, poseur de tourbe, empaqueteur dans une épicerie, peintre...

«J'avais commencé à faire des vols par effraction avec des amis au Saguenay–Lac-Saint-Jean, principalement à l'intérieur de petites épiceries ou de dépanneurs. On recherchait surtout des cigarettes, car on avait un contact pour les vendre.»

Le 27 octobre 1969, il entreprend son premier séjour en prison lorsqu'il écope de 23 mois d'emprisonnement pour cette série de vols par effraction.

«J'ai fait ma détention à la prison de Chicoutimi et j'ai connu de vieux voleurs de banque qui me disaient: "Tu perds ton temps dans les vols par effraction, c'est les vols de banque qui sont payants." En plus, ils me disaient que le best, c'est d'entrer dans un gang de voleurs de banques.»

Gallant se découvre vite des talents de manipulateur. Dès que la possibilité de sortir de prison s'ouvre à lui, il se montre sous son meilleur jour aux autorités.

La toute première évaluation de la Commission nationale des libérations conditionnelles du détenu Gallant parle d'elle-même:

«Gérald, 22 ans, ne présente en aucune façon l'image d'un criminel structuré, ni même d'un récidiviste. C'est sa première offense que je qualifierais de passagère.

«C'était pour lui un moyen facile d'avoir de l'argent dans ses poches avec lequel il pouvait "sortir" sans trop travailler. Il avoue qu'il agissait en toute connaissance de cause mais aussi qu'il était entraîné et "poussé" par ses complices. Ceux-ci avaient une grande influence sur lui. Quant à Gérald, ses moyens de défense étaient restreints: faible de santé, pauvre, sans instruction, pas de dossier judiciaire et en plus, accablé d'un défaut de langage qui le rendait facilement influençable.

"À cause de mon infirmité, je croyais que tout me revenait, que tout m'appartenait", dit-il. Aujourd'hui, il n'accepte plus cette réflexion, ni ses offenses. Il veut y remédier en délaissant ces soi-disant amis qui lui ont causé du trouble [...] Il veut apprendre [un] métier. [En prison] il s'entend bien avec tout le monde et fuit ceux qu'il juge plus criminels que lui.

« L'autorité et la discipline ne lui causent pas de problèmes mais il a hâte d'en sortir. "Il n'y a rien de bon à faire ici. Heureusement que je reçois de nombreuses visites de la part de mes parents ; papa, maman et tous les autres. Ils m'apportent de l'argent et m'aident à recouvrer le bon chemin" dit-il.

« Ne faisant aucun usage de boissons alcooliques, il présente une personnalité en voie de développement. Il n'a intégré aucune valeur antisociale et manifeste de vifs désirs de s'amender et de ne pas récidiver.

« Gérald mérite donc notre considération, tant par ce qu'il est lui-même que par l'intérêt soutenu que des personnes responsables lui prêtent. Fortement motivé, soutenu et aidé, sa possibilité de récidive semble nulle. Je recommande donc une libération conditionnelle pour le 17 juin 1970 », écrit l'agent aux libérations conditionnelles chargé de son dossier, le 10 février 1970.

À peine 59 jours après sa libération, il est arrêté de nouveau. Gallant a dévalisé la Caisse populaire de Chicoutimi-Nord avec un complice. Ce dernier tenait les employés et clients en joue avec une carabine de calibre .22, tandis que Gallant, armé d'un simple couteau, vidait les tiroirs-caisses. Les policiers ont pu récupérer en entier les 8000 $ dérobés. Gallant écope ensuite de trois ans de pénitencier.

Mais l'histoire se répète. L'année suivante, Gérald Gallant tente à nouveau d'amadouer la Commission des libérations conditionnelles.

«Vous savez, ces longs mois ici m'ont beaucoup fait réfléchir et je me suis apperçu que j'étais parti dans une mauvaise direction et que cela aurait brisé toute ma vie.

Maintenant je suis convaincu que ce que je faisais avant était du temps perdu, des années de jeunesse perdu par ma faute. Ma bonne conduite ici prouve que je veux faire un homme de moi et gagné ma vie honnetement dans la société. Vivre derrière les barreaux ce n'est pas une vie et vous pouvez être sûr que je suis sur une bonne voie de réhabilitation.»

La Commission se montre de nouveau réceptive à ses doléances.

«Sympathique, coopératif en entrevue, d'apparence franche, il projette au premier abord l'image d'un jeune homme insécure, timide, qui manque manifestement de confiance en lui-même et que nous croyons facilement abusable [...] À notre sens, il ne s'identifie pas à la mentalité et aux valeurs criminelles, bien qu'il soit coupable d'un délit dont nous ne pouvons dénier l'importance. Nous persistons à croire, malgré un bris de libération, qu'il pourrait s'amender.

«Son fort besoin d'acceptation fait qu'il a énormément de difficulté à dire non, à résister aux sollicitations des gars du milieu [criminel]. [Sa] pauvre capacité de se dégager des conflits sur le plan familial a énormément influé dans sa récidive. Il a longtemps hésité avant de passer à l'acte et était très nerveux lors de l'offense. Aujourd'hui, il semble conscient de son influençabilité et il avoue qu'il a été une proie facile aux mains de récidivistes», conclut-elle.

Gallant est finalement libéré à l'été 1973. Le 24 octobre de la même année, il ne peut résister à la tentation de participer à un autre vol à main armée.

Mais ce braquage dans une bijouterie de Chicoutimi tourne mal. Pendant qu'il attend ses deux complices dans une auto volée, Gallant s'enfuit après que l'un d'eux, Gilles «Balloune» Côté, ait tiré en direction des policiers. Arrêté, Côté va incriminer Gallant – qui exercera une vengeance sans merci, douze ans plus tard.

Gallant se rend aux policiers alors qu'il se sait recherché. «Mon père avait des problèmes de santé, des problèmes avec son cœur et je voulais pas accentuer ça. J'avais beaucoup de remords.»

Il plaide coupable à une accusation réduite de complicité après le fait et se voit imposer 8 ans d'incarcération, le 14 juin 1974.

Au moment de retourner derrière les barreaux, en 1974, Gallant a profité en tout de cinq courts mois de liberté en l'espace de cinq années. Devenu adulte, le rejet de la classe est un criminel sans envergure qui tombe inévitablement dans les filets des forces de l'ordre.

Gérald Gallant purge alors une bonne partie de sa peine au pénitencier de Cowansville, en Estrie.

C'est là qu'il fait la connaissance de quatre codétenus qui joueront ensuite des rôles déterminants dans sa vie : le caïd du gang de l'Ouest, Raymond Desfossés, son bras droit dans la région de Québec, Raymond Bouchard, l'associé de ce dernier, Jean-Claude Gagné et celui qui va devenir son meilleur ami, Denis Corriveau.

CHAPITRE 6

« LE BOSS »

Gérald Gallant est vite subjugué par le roi de son aile de détention, Raymond Desfossés, ce leader influent du puissant gang de l'Ouest, que les policiers surnommeront plus tard «le Roi de la cocaïne». Gallant l'appelle «Monsieur».

Pourtant, les détenus qui connaissent déjà bien le caïd, comme Raymond Bouchard et Jean-Claude Gagné, qui commencent tous deux à purger une peine de sept ans à Cowansville, au printemps 1975, pour un vol à main armée à la Caisse populaire de Saint-Tite-des-Caps qui leur a rapporté 39 802 $, surnomment Desfossés «Le Petit».

Sobriquet que Gallant se voit mal employer puisque Desfossés mesure un demi-pouce de plus que lui.

«Monsieur Raymond Desfossés m'impressionnait beaucoup, a confié Gallant aux policiers. Il contrôlait le trafic de drogue au pénitencier. C'était un vrai caïd. Un gros nom. Il était respecté par tous les autres détenus. Il était aussi à la tête d'une organisation de voleurs de banques. Je voulais faire partie de cette organisation pour devenir riche.»

Gallant gagne la confiance de Desfossés en cachant sa drogue au local de peinture du pénitencier, où il travaille. Les autorités carcérales estiment pourtant que Gallant y fait «de la bonne besogne».

Au retour d'une sortie autorisée par le service correctionnel, Gallant introduit au pénitencier une bonne quantité de mescaline destinée à Desfossés, en la cachant dans son rectum.

«Personne disait non à monsieur Desfossés. J'ai parlé beaucoup avec lui et j'avais convenu qu'en sortant du pénitencier, j'allais entrer avec contact avec lui. Il m'avait dit qu'il ne donnait pas son numéro de téléphone à beaucoup de monde.»

C'est aussi dans ce pénitencier fédéral que Gallant fume de la marijuana pour la première fois. «J'ai essayé ça alors que j'étais dans la vingtaine avancée, en prison. J'ai détesté ça. Je déteste toutes les drogues.»

Six mois avant de redevenir un homme libre, en septembre 1978, Gallant sert un autre vibrant *mea culpa* à la Commission des libérations conditionnelles.

« J'essaie d'entrevoir le plus beau et la plus belle des choses. Je ne parle et je ne pense plus qu'à ce qui compte vraiment dans la vie, acquerir une situation stable et vivre en tant que citoyen sains et productif dans la société. Remarquez bien que je ne suis pas dans un trip «Peace and Love» mais c'est simplement que j'ai trouvé en moi une force et je m'en servais à mauvais courant. Maintenant j'essaie de bien la diriger. J'ai appris a accepter mes faiblesses, avouer mes erreurs. Je ne vit plus avec de mauvais souvenirs et je ne my enferme plus comme je le fesais avant. [...] J'essaie de faire prendre une nouvelle voie à ma vie car à mon âge, c'est le temps que j'y pense », écrit-il dans sa demande de libération.

Après avoir recouvré sa liberté, Gallant s'établit à Port-Cartier où son ex-codétenu, Denis Corriveau, lui a trouvé un emploi comme poseur de pneus dans un garage.

Corriveau devient ensuite son meilleur ami. Et Raymond Desfossés devient celui que Gallant appelle dorénavant «le Boss».

24 OCTOBRE 2006, QUARTIER GÉNÉRAL DE LA SÛRETÉ DU QUÉBEC, DISTRICT DE LA CÔTE-NORD, À BAIE-COMEAU

La 1re victime : Louis Desjardins, 30 janvier 1980, Port-Cartier

Ça, c'est le premier meurtre que j'ai fait pour l'organisation de Raymond Desfossés. Venant d'une petite région, je m'étais dit : « Là, j'ai une bonne chance de faire partie de cette organisation-là et de me mettre riche. »

C'est ce que je pensais dans ces années-là. Mais ça a été tout le contraire...

Moi, je voulais tellement faire partie du clan. T'es jeune, tu fais partie du groupe à Raymond Desfossés... Aujourd'hui je sais que j'ai perdu mon temps. Mais à cette époque-là, je pensais de même...

J'avais son numéro de téléphone et son adresse à Trois-Rivières. Moi, je demeurais à Port-Cartier.

Raymond Desfossés m'avait offert de prendre une part du marché de la drogue à Port-Cartier. Alors j'ai accepté. Dans mes journées de congé, les fins de semaine, je descendais à Trois-Rivières et je remontais avec plusieurs livres de hasch. Je m'étais trouvé deux petits vendeurs.

En partant, moi, la drogue, ça ne m'intéressait pas. J'ai jamais aimé ça. Mais je me disais : « Si il faut que je commence par là pour faire partie de l'organisation, ben j'vais le faire. »

J'appelais régulièrement Raymond Desfossés dans une boîte téléphonique à Port-
Cartier. Un moment donné, il m'a dit: «J'aimerais que tu viennes me voir.» Je l'ai rencontré
dans un petit garage sur le boulevard La
Vérendrye, situé près de la bâtisse du journal *Le Nouvelliste*.

Lors de ma visite à Trois-Rivières, il
m'avait demandé que je tue une personne.
Alors moi, pour faire partie de l'organisation,
j'ai pas réfléchi aux conséquences. Sur le
coup, j'étais jeune, alors...

Il m'a dit: «Attends, je vais le faire venir
ici, tu resteras sur le terrain et tu feras semblant de regarder les chars à vendre.» Il dit:
«Je veux que tu le vois.» Il m'avait dit que
c'était un informateur de police, en train de
travailler pour le faire prendre. Il a fait venir... Monsieur Ddddd... Desjardins c'est ça?
Je me souvenais plus du nom...

Je l'ai vu. Raymond Desfossés jasait avec.
Ensuite, Raymond m'a demandé si je l'avais
bien vu? J'ai dit oui. Il m'a dit: «Gérald, j'vais
lui monter un piège. Je vais te l'envoyer sur
la Côte-Nord. Aller seulement.»

J'ai dit: «Pas de problème». J'ai remonté
sur la Côte-Nord. Avec une arme. Je crois que
c'était un pistolet automatique, un calibre
9 mm.

Mais là ça me prenait quelqu'un pour
m'aider là-bas. Alors j'ai demandé à quelqu'un que je connaissais: Denis Gaudreault.
C'était le frère de la femme avec qui je demeurais à cette époque-là.

J'aimerais clarifier certaines choses sur
cette demoiselle-là. Les libérations conditionnelles me surveillaient très étroitement à ce
moment-là. Les demoiselles que j'aurais aimé
avoir, elles avaient tout le temps un chum.

74

Puis, un moment donné, je suis tombé sur cette fille-là. Grassette, pas tellement brillante. Mais moi, pour que les libérations conditionnelles me laissent tranquille, j'ai demeuré avec cette fille-là. J'ai fait semblant d'être en amour avec.

D'ailleurs lorsque je me préparais à quitter cette femme-là elle m'a dit qu'elle était enceinte. Alors moi ben, mon doux, à cette époque-là, être papa, t'sais... Cette fille-là, elle me disait rien, rien. Ça cadrait pas dans... Elle était vraiment pas... C'était une bonne fille mais pas brillante.

C'est là que j'ai connu un peu sa famille, dont son frère Denis. Denis était le genre de gars réservé, qui ne parlait pas pour rien dire. J'ai eu comme l'impression qu'il savait que je sortais du pénitencier et probablement que ça l'a impressionné. Il aimait ça jaser avec moi.

Je lui ai demandé. J'ai pas tourné autour du pot. Lorsque j'ai vu que je pouvais lui faire entièrement confiance, je lui ai dit qu'il y avait un type de Trois-Rivières qui s'en venait sur la Côte-Nord et que moi, je voulais le tuer. Que c'était un voyage «aller seulement» et que j'avais besoin de son aide pour le transporter. Il a accepté.

Desfossés m'a dit que monsieur Desjardins allait arriver à telle date à l'aéroport de Sept-Îles, sur tel vol, à telle heure. Je me souviens qu'il neigeait. Le type nous attendait. Il pensait qu'il venait chercher une valise d'argent.

En partant de l'aéroport, j'ai fait semblant de tourner dans des petites rues. J'ai dit au gars: «C'est pour pas être suivi.» J'ai joué le bon jeu, t'sais.

On a pris la 138 ouest pour se rendre à Port-Cartier dans un parc industriel. Je me suis rendu dans un petit garage qui avait été loué par monsieur Denis Corriveau. À côté du garage Pneus Métivier où je travaillais. Mais monsieur Corriveau n'était pas au courant que j'emmenais quelqu'un là. J'avais fait faire un double de clés. Je savais qu'à cette heure-là, y avait pas de problème.

J'ai dit à monsieur Desjardins : «Attends, je vais rentrer avant pour voir si tout est correct.» J'avais laissé l'arme à l'intérieur du petit garage. J'ai attendu quelques minutes, j'ai pris l'arme, je l'ai cachée derrière mon dos pis je lui ai fait signe de s'en venir.

Il a passé à côté de moi et j'ai fait feu. Un coup. Je crois que j'ai tiré juste un coup. J'ai visé sa tête. Il est tombé.

J'avais mis des toiles de polythène à terre. Avant qu'il s'en aperçoive, je l'ai tiré à la minute où il est rentré.

Denis Gaudreault a suivi. J'ai ouvert les portes du garage, j'ai reculé ma voiture et on l'a enroulé dans la toile de polythène. Je me souviens pas si on a mis du tape ou de la corde. Il m'a aidé à le mettre dans mon coffre arrière.

Denis Gaudreault m'avait dit qu'il connaissait un précipice. Il m'a dit : «Jamais qu'ils vont le retrouver. Jamais.» C'était assez loin, dans le bout de Franquelin, en allant vers Baie-Comeau. Je me souviens pas d'avoir croisé aucune voiture.

Denis Gaudreault m'a montré l'endroit. On s'est stationné là et on a fait ça très vite. On l'a sorti, on l'a monté sur un petit banc de neige et on l'a jeté en bas, enroulé dans la polythène.

Je me suis débarrassé de mes vêtements. J'ai pas vu de sang dans ma valise, c'était tellement bien enroulé dans ma toile. Je me souviens que j'avais un Ford Thunderbird 1977.

Quelques semaines après, dans les journaux *Photo* ou *Allo Police*, je suis tombé sur un article. Ils avaient trouvé un mort dans le précipice.

Quelques mois après, je l'ai dit à Denis Corriveau. Il l'avait vu dans le journal lui aussi. Il savait que c'était un type de Trois-Rivières qui était mort. Il me regardait avec des sourires en voulant dire : « Écoute, je le sais que c'est toi. » Alors j'y ai dit que c'est moi qui l'avais fait. Dans son garage. Il dit : « T'aurais dû m'en parler. » J'ai dit : « Denis, ça arrivera pu jamais. Si y a quoi que ce soit, je vais t'en parler. »

J'ai été payé directement par Raymond Desfossés, chez lui. Il m'a donné 5000 $. J'pense qu'il s'est aperçu que je connaissais pas les vrais tarifs et il s'est peut-être dit qu'il allait manipuler le p'tit gars de Chicoutimi.

Je me rappelle pu combien j'ai donné à Denis Gaudreault...

26 MARS 2009, EXTRAITS DE L'INTERROGATOIRE DE DENIS GAUDREAULT PAR LES POLICIERS DE LA SÛRETÉ DU QUÉBEC :

Gallant était un gars très dangereux. Tu pouvais pas parler contre ce gars-là. Il était assez rock and roll.

Il m'avait dit qu'il avait besoin d'un coup de main pour brasser un gars et le faire parler. Il m'avait montré son arme.

J'étais à une dizaine de pieds derrière eux. Il a levé le bras pis il a tiré un coup dans la tête. J'vois encore le gars tomber. J'en ai rêvé et j'en rêve encore.

Je shakais tellement. Il y avait une couverte puis une polythène à terre. Il lui a pogné les pieds. Je regardais pas. On l'a embarqué dans le coffre du char.

Je lui ai dit que je connaissais une place. C'était à une heure de route. Je l'ai aidé à jeter le corps dans le ravin. Il faisait tempête. Je voulais sortir de là le plus vite possible. Avoir su...

Après, il m'a dit de ne pas parler. Il m'a dit qu'il était assez haut placé. Il m'a demandé si j'aimais ma sœur...

Après ça, on s'est pas revus. Il est parti à l'extérieur et il n'est pas revenu.

J'avais 19 ans. J'étais un enfant [...] Je regrette tellement. Tabarnac !

78

CHAPITRE 7

LE BON PÈRE

5 JUILLET 2006,
POSTE DE POLICE DE GENÈVE

— Denis Corriveau... Il m'a connu en prison, là. C'était dans mon temps noir... C'est le parrain de mmmm... mon fils. Ouin... Même si mon fils, on se voit presque pas. Non, on se voit presque pas. On s'est vu il y a trois ans, puis, disons que... Je lui avais demandé : « Il faut toujours que tu me donnes l'heure juste. »

— OK, intervient l'enquêteur Frenette.

— Disons qu'il m'a menti sur beaucoup de choses, poursuit Gallant sur un ton grave. Il se droguait. Moi, la drogue, je veux rien savoir de ça. Je veux rien savoir de cette marde-là, t'sais.

— Hmm...

— Puis quand j'ai su qu'il se droguait et qu'il m'avait menti, ça a fait du brouillage. Un coup, Raymond Desfossés m'avait offert de faire des transports de drogues. Il avait dit : « Tu vas t'en mettre plein les poches, là. Comme ça, comme ça... » Il m'avait dit : « Quand tu vas en avoir assez, tu vas pouvoir monter dans l'échelon. » J'y ai dit : « Raymond, la drogue, touches-y, toi, moi ça m'intéresse pas. » En tout cas, j'espérais que jamais un de mes enfants touche à cette marde-là. C'est de la marde. Ça détruit, ça détruit le monde. Pis je pense que tu le sais.

— Toi aussi, répond le policier.

— Ça détruit...

— T'as vu dans quel milieu tu as travaillé, puis qu'est-ce qu'ils t'ont fait faire. Tout ça, à cause de la drogue.

— Ouin...

Sept mois après avoir exécuté son premier contrat de meurtre, Gérald Gallant participe à un autre vol à main armée. Le 28 août 1980, lui et deux complices dévalisent la Caisse populaire Sainte-Marguerite, à Trois-Rivières. Ils y dérobent un magot de 169 000 $.

Gallant n'aura pas le temps de dépenser sa part, soit 30 000 $. Il est arrêté trois jours plus tard.

Le 5 décembre suivant, un juge le condamne à six ans de pénitencier. Soit deux ans de moins que sa sentence précédente. C'est sa quatrième peine d'incarcération en onze ans.

Pour l'aider à fixer la durée de la peine, le tribunal s'appuie notamment sur un rapport du service de la probation. Fidèle à son habitude, Gallant a offert toute sa collaboration aux autorités pour qu'elles procèdent à l'évaluation de son cas. Elles n'ont absolument rien flairé de sa double vie.

Après tout, même sa conjointe de l'époque, avec laquelle Gallant fait semblant d'être en amour, le qualifie de «très bon père» et estime que leur relation est harmonieuse.

4 DÉCEMBRE 1980, EXTRAIT D'UN RAPPORT PRÉSENTENCIEL RÉDIGÉ PAR UNE AGENTE DE PROBATION, EN PRÉVISION DU PRONONCÉ DE LA PEINE DE GÉRALD GALLANT POUR VOL À MAIN ARMÉE :

Nom : Gérald Gallant
Âge : 33 ans
Date et lieu de naissance : le [...] mai 1947, à Chicoutimi
État civil : concubinage
Personnes à charge : une compagne et deux enfants
Antécédents criminels : oui
Autres : en libération conditionnelle depuis le 25 septembre 1978 et ce, jusqu'au 19 octobre 1982

Comportement criminel :
Concernant le vol, il semble que le sujet ait dû, de mauvaise grâce, accepter de devenir l'un des principaux exécutants d'un délit préalablement planifié par une autre personne envers laquelle il était redevable. [...] Avec l'argent qu'il a reçu du délit, le justiciable nous dit s'être acquitté de la dette envers la personne qui l'avait sollicité pour commettre ce délit, avoir dépensé un peu et avoir caché le reste. Bien qu'il ait révélé aux policiers l'endroit de sa cachette, rien n'a été retrouvé.

Situation familiale :
Au cours des deux dernières années, l'accusé a vécu à Port-Cartier. Il partageait sa vie avec une jeune femme, mère d'un petit garçon, qu'il avait rencontrée

peu après son arrivée dans cette région. Il semble que l'harmonie régnait entre eux et que le sujet s'acquittait remarquablement de ses responsabilités. Sa compagne nous a affirmé qu'il était un très bon père pour son fils car il lui prodiguait beaucoup de soins et d'affection et il lui était très attaché. Enfin, leur premier enfant est né en [...] dernier.

Selon ses proches et son agent de libération conditionnelle, le justiciable a fait montre d'un comportement social très acceptable durant les deux dernières années qui viennent de s'écouler; ils ne prévoyaient vraiment pas de récidive dans son cas.

Situation occupationnelle:
Durant ces deux dernières années, le justiciable a travaillé chez Pneus Métivier à Port-Cartier, d'abord comme poseur de pneus et, par la suite, comme préposé aux pièces. Il aimait beaucoup son emploi car il avait des responsabilités; il semble que l'employeur ait généralement été satisfait de ses services. [...] Ainsi, il a démontré sa motivation à travailler et à acquérir une certaine stabilité occupationnelle.

Situation financière:
Selon les dires du sujet, son salaire hebdomadaire net se chiffrait autour de 260 $. En juillet dernier, il a acheté une maison mobile dont le terme mensuel s'élevait à 231 $. [...] Il a également une dette approximative de 11 000 $ qu'il remboursait à raison de 285 $ par mois à la banque [...] cette dette concerne un emprunt pour l'achat d'une automobile. L'accusé voyait lui-même à administrer le budget familial.

Évaluation:
Le justiciable nous a offert toute sa collaboration lors de notre rencontre pour les fins du présent rapport. Il a su se plier à nos exigences et nous fournir des réponses précises. Cependant, lorsque nous avons dis-

cuté des délits, il a manifesté une certaine réserve, comme s'il craignait quelque chose.

De plus, vu son bégaiement prononcé, l'entretien a été quelque peu pénible et épuisant ; néanmoins, à force de persévérance, il est parvenu à exprimer clairement sa pensée. Ses capacités d'introspection sont bonnes et un certain esprit d'analyse et de synthèse se dégage de ses propos.

Durant son jeune âge, l'accusé a vécu dans une atmosphère familiale perturbée par les conflits existant entre les parents. Il a subi les conséquences d'un manque de communication entre un père qui acceptait sans réagir de se faire critiquer, dominer et même tromper par sa conjointe, et une mère sévère, autoritaire et facilement irritable. Ce climat n'a donc pas été très favorable à l'acquisition d'un bon équilibre psychologique et à l'apprentissage d'un comportement social intégré et adapté. [...]

Au plan personnel, il s'agit d'un individu timide et renfermé qui a un besoin évident d'être aimé et accepté. Dans le but de se protéger du rejet, il se montre individualiste et s'organise tout seul même s'il a des gens autour de lui pour l'aider et le supporter. Dans ses contacts avec autrui, il se veut sélectif car, insécure qu'il est, il se sent vite persécuté. Enfin, tout pour lui, même la vie, est un défi à surmonter et au prix de multiples efforts ; cependant, il ne dispose pas toujours d'énergies intérieures pour arriver à ses fins.

Au plan criminologique, nous constatons que le sujet n'en est pas à ses premiers démêlés avec la justice. Les délits antérieurs commis nous révèlent que ce dernier était très impliqué dans le milieu criminel. Néanmoins, à sa dernière sortie de prison, il semblait déterminé à changer de style de vie. Il désirait acquérir la stabilité, devenir un élément productif pour la société et vivre paisiblement. Pendant près de deux ans, il a respecté les objectifs qu'il s'était fixés ; cependant, ses délits actuels réduisent à néant ses bonnes intentions. Les efforts qu'il a fournis sont quand même louables.

Bien qu'il soit coupable de délits dont nous ne pouvons dénier l'importance, nous ne croyons pas que le sujet s'identifie encore à la mentalité et aux valeurs criminelles. Nous pensons plutôt que l'accusé est un homme très influençable et que sa résistance aux sollicitations criminelles est faible. En ce sens, les risques de récidive demeurent toujours présents.

CHAPITRE 8

LE GENTIL MARI

GENÈVE, VENDREDI 11 MAI 2006

Bonjour Claudine,

Ce matin, j'ai passé à la chambre d'accusation, j'ai été accusé d'avoir eu en ma possession un faux passeport et fausses cartes de crédit. Le juge m'a remis à 3 mois car il ne save pas dans quelle partie de la Suisse je vais être jugé. D'ailleurs j'ai dit au juge que je voulais plaidé coupable le plus rapidement possible.

Mon avocate était presente à la cour. Elle doit venir me voir à la prison dans quelques jours pour m'expliqué les procéduire à suivre car la loi suisse est tres différente du Canada.

Malgré tout je garde un bon moral et je compte sur toi pour que tu fasse pareille, d'accord. [...]

Pour l'auto noir je te suggererais d'aller la remisé chez monsieur [...] à Cap-Santé pour toute l'été et on verra par la suite. Tu téléphonera La Capital pour dire que tu remise

l'auto. [...] Tu peux cancellé la 6/49 [...],
ca va te faire plus d'argent. Pour le Journal de Québec tu fais comme tu veux.

Je voulais te téléphoné mais ils ont refusé.
Je vais en parlé à mon avocate. Hier j'ai vu
le medecin de la prison car j'étais engoissé
et il m'a donné des médicaments à prendre
à tout les jour pour me calmer. À la prison
je suis le seul canadien, les autres viennes
de différent pays d'Europe.

J'ai encore de la misère à croire que je suis
en prison mais c'est bien la réalité qui me
frappe à chaques jours. Quant tout sera terminé je vais me tenir loin de tout le monde
pour finir nos vieux jours tranquille.

Ne t'en fais pas pour moi même si cela est
dur je suis capable de passer au travers.
J'ai toujours su gardé la tête haute dans
les epreuves. Je vais t'ecrire souvent car
cela me fais gardé un bon moral.

Fais attention à toi.

Je t'aime xxxxxx
Gérald

26 FÉVRIER 2007, EXTRAIT DE LA DÉCLARATION DE CLAUDINE AUX POLICIERS DU PROJET BALADEUR :

Je, Claudine [...], déclare solennellement que :

J'ai connu Gérald Gallant par l'intermédiaire de l'amie d'une amie aux environs de 1982. J'ai eu premièrement des contacts téléphoniques avec lui. On s'est par la suite donné rendez-vous dans un restaurant. Après quelques rencontres, Gérald m'a dit qu'il restait en maison de transition.

Je le trouvais quand même gentil et on s'est mariés en 1983, à Sept-Îles. Nous demeurions à Port-Cartier à cette époque. Gérald travaillait avec «Dan», soit Denis Corriveau, dans une cour à scrap.

J'ai décidé de retourner à Donnacona, dans notre maison mobile transférée de Port-Cartier à Donnacona. Après environ un an, Gérald a cessé de voyager entre Donnacona et Port-Cartier. Gérald a été un peu sur le Bien-être social et a suivi un cours de boucherie.

J'ai emprunté de l'argent à ma mère pour acheter notre terrain pour la maison mobile. Gérald a travaillé comme boucher à Pont-Rouge, à l'Inter-Marché de Portneuf, mais il partait quand même régulièrement à l'extérieur. Moi, je ne lui posais pas de questions.

Nous avons acheté notre maison à Donnacona en 87 ou en 88. Nous avions une hypothèque de 35 000 $ environ.

Après s'être installé à Donnacona, Gérald a toujours eu des contacts avec Raymond Desfossés, de Trois-Rivières, Raymond Bouchard, de Métal Beauport et Denis Corriveau, qui est venu s'installer à Breakeyville environ un an plus tard [...]

Gérald était souvent parti de la maison pour aller à Québec, Trois-Rivières ou ailleurs. J'ai accompagné Gérald à quelques reprises chez Raymond Desfossés, à Trois-Rivières. Il avait une assez grosse maison et j'ai connu sa conjointe.

Raymond Desfossés avait un ou deux garages d'autos à Trois-Rivières. Gérald me disait qu'il vendait des pièces d'autos avec Desfossés, Bouchard, Corriveau et cela le faisait voyager partout.

26 SEPTEMBRE 2006, QUARTIER GÉNÉRAL DE LA SÛRETÉ DU QUÉBEC, DISTRICT DE LA CAPITALE-NATIONALE – CHAUDIÈRE-APPALACHES, VILLE DE QUÉBEC

La 7ᵉ victime : Salvatore Luzi, 28 mai 1990, à Lorraine

J'avais rencontré Raymond Desfossés à Trois-Rivières dans son commerce de voitures et il m'avait demandé de tuer cette personne-là.

Il m'avait écrit ça sur un bout de papier. Je connaissais pas ce coin-là mais il fallait prendre la 640 et, dépassé Ste-Anne-des-Plaines, j'allais trouver la ville de Lorraine. Tu prends cette sortie-là, tu vires à ta droite. Rue de Gaulle. C'est sur cette rue-là que l'homme en question reste. Il m'avait donné l'adresse. Il dit : «Tu peux pas te tromper, c'est la seule maison qui a un style normand.»

Je fais les vérifications mais c'est un quartier très résidentiel. Je suis retourné à cet endroit trois ou quatre fois. J'ai remarqué que sa conjointe partait de très bonne heure l'avant-midi, soit avec un enfant ou deux.

Et j'avais remarqué que devant la maison, y avait une pancarte «À vendre», d'un courtier. C'est ce qui m'a donné une idée.

Je redescends à Trois-Rivières, je vais voir Raymond Desfossés et je lui explique la façon la plus plausible de le faire.

Je lui dis qu'il y a une pancarte «À vendre» devant cette maison-là. Lorsque sa conjointe serait partie, j'irais me présenter pour savoir si c'était possible de voir cette maison-là, sous prétexte de peut-être l'acheter... Il dit oui, c'est une bonne idée. Mais j'ai dit ça me prend un silencieux.

Ça a pris quelques jours, il m'a trouvé un silencieux et l'arme. Je lui ai dit: «C'est pas un fort calibre.» Il dit: «Si tu lui en tires plusieurs, ça devrait faire l'affaire.»

En mai 90, je faisais 25 à 30 livres de plus, j'étais plus costaud. J'ai monté là avec mon char personnel que j'ai placé dans une autre rue.

J'étais habillé avec un très bel habit, chemise blanche, cravate. Ça fittait avec ce quartier-là. J'ai vu sa conjointe qui partait. [...] Je me suis présenté. J'ai sonné ou j'ai frappé. Il est venu ouvrir.

J'ai dit: «Bonjour monsieur, je m'excuse de vous déranger, j'ai vu que votre maison était à vendre. Moi je suis transféré au pénitencier de Sainte-Anne-des-Plaines, je travaille pour le ministère du Solliciteur général. J'ai vu que votre maison était à vendre, ce serait-tu possible de la voir? Si ça vous dérange, je peux téléphoner au courtier et fixer un rendez-vous.» Le monsieur m'a dit: «Non non, ça me dérange pas du tout.»

Il m'a fait attendre à l'extérieur en me disant qu'il était en train de faire un appel. Ç'a pris quelques minutes. Puis, le monsieur est sorti. Il m'a dit: «Si vous voulez on peut commencer par l'extérieur.» Il m'a amené dans la cour arrière. Il y avait une petite clôture sur le côté de la maison...

Il m'expliquait que les arbres sur le terrain, il les avait importés d'autres pays. On s'approchait de la piscine. Alors là, j'ai regardé du côté gauche, du côté droit, pour voir s'il y avait du monde à l'extérieur des maisons qui étaient tout près. Il y avait personne. Alors j'ai sorti mon arme et j'ai tiré. J'ai visé sa tête.

Peut-être le corps aussi. Combien de balles j'ai tirées, je me rappelle pas mais il est tombé à terre. Je suis reparti, j'ai emmené l'arme avec moi, je l'ai remise dans ma ceinture, j'ai refermé mon veston, je suis reparti bien tranquillement. J'ai refermé la porte de la clôture, je me suis rendu à ma voiture et je suis parti.

Sur la 640 en direction Est vers Trois-Rivières, j'ai baissé ma vitre de voiture en regardant si il y avait pas d'autres voitures tout près. J'ai jeté le silencieux et quelques kilomètres après, j'ai jeté l'arme.

Près de Trois-Rivières, j'ai rejoint monsieur Desfossés au téléphone en lui disant que l'amie de ma conjointe avait eu ssss... son petit bébé. «Ah ben, je suis très heureux. Tu lui diras mes félicitations», qu'il m'a dit. C'était un code entre nous pour dire que tout était fait.

CHAPITRE 9

LE RANCUNIER

5 JUILLET 2006,
POSTE DE POLICE DE GENÈVE

— Va falloir que Claudine vende la maison pis qu'elle s'en aille du coin. Ça va être une ffff... femme brisée. Tu me comprends-tu? demande Gallant, visiblement mal à l'aise.

— Oui. Tu me l'as dit tantôt. Pis je trouve ça triste, lui répond l'enquêteur Frenette.

— T'es marié, hein?

— Oui. Je trouve ça triste parce que, dans le fond, tu es responsable en grande partie de tout ça.

— Oui.

— C'est ça. Tout ce que tu nous apprends, elle l'aurait appris aussi, un jour ou l'autre. Que tu nous le dises ou non. Tu comprends? Parce que nous autres, on aurait fait notre enquête avec ou sans toi. Fait qu'elle l'aurait appris pareil. Là, probablement que le choc va être moins grand parce que tu vas pouvoir lui annoncer des choses. La préparer. Comme j'ai dit, l'honnêteté...

— On en parle souvent.

— Je comprends que c'est les pires journées de ta vie. Toute ta vie a changé au complet.

— Quand tu vas parler dix minutes avec, tu vas dire: «Sacrament! C'est une femme extraordinaire, pourquoi est-ce qu'il a fait ça?» C'est ça que tu vas te dire. C'est briser une vie, ça. Je vais m'en vouloir jusqu'à la fin de mes jours. À 34 ans, t'as pas le même raisonnement que quand t'as 50 ans et plus. À 34 ans, tu t'en fous, ostie...

Gérald Gallant a presque 34 ans, à l'hiver 1984.

L'année précédente, il s'est marié avec Claudine après avoir laissé sa première femme et quitté la Côte-Nord – ainsi que son fils unique de 3 ans – pour aller s'établir à Donnacona, dans la région de Portneuf.

Gallant perd alors ses droits de garde légale auprès de son garçon à la suite d'une décision du tribunal. Il accepte mal ce jugement. Il espère qu'éventuellement, son fils réclamera de pouvoir revenir auprès de lui.

Cassé comme un clou, il a des dettes de 30 000 $ et vit dans une roulotte, avec sa nouvelle femme. Tout ce qu'il possède est au nom de cette dernière. Il songe même à déclarer faillite pour se libérer de ses dettes.

À l'automne 1982, Gallant avait accepté son deuxième contrat de meurtre alors qu'il se trouvait en maison de transition, dans le quartier Limoilou, à Québec. Il venait juste de sortir de prison après avoir purgé le tiers de sa sentence pour le hold-up d'une Caisse populaire de Trois-Rivières, commis en 1980.

La commande du meurtre provenait de Marcel Lefrançois, un autre codétenu que Gallant avait connu au pénitencier de Cowansville. Lefrançois était impliqué dans le trafic de drogue, en plus d'exploiter des salons de bronzage et de massage.

La victime à abattre était un représentant commercial et l'un des présumés associés de Lefrançois, André Haince.

Lefrançois a donné une avance de 3 000 $ à Gallant, en lui promettant une somme additionnelle de 12 000 $ une fois le contrat exécuté.

« Je lui avais demandé : "Marcel, veux-tu qu'ils trouvent le corps ? Ou veux-tu qu'ils trouvent pas le corps ?" Il voulait pas qu'ils trouvent le corps. J'ai dit OK. »

Gallant avait besoin d'un véhicule pour mettre son plan à exécution. Lefrançois devait contacter Haince pour le charger de prendre livraison de deux kilos de cocaïne des mains d'«un gars de l'extérieur», Gallant.

À ce moment, le tueur n'avait pas encore déménagé de la Côte-Nord et sa voiture était toujours remisée à Port-Cartier. Il s'agissait de la même Ford Thunderbird qu'il avait utilisée pour transporter le cadavre de Louis Desjardins, abattu d'une balle à la tête, deux ans plus tôt.

« J'ai demandé à la maison de transition si je pouvais ravoir mon véhicule personnel et ils m'ont dit oui. J'ai fait venir mon véhicule de Port-Cartier. »

Gallant a aussi recruté un complice pour l'aider, à la maison de transition où il est obligé de résider à Québec. Il s'agit de Gilles Dubois, un codétenu du pénitencier de Cowansville.

André Haince a laissé sa voiture dans le stationnement d'un hôtel, à Saint-Gilles-de-Lotbinière, sur la rive sud de Québec. Il a été amené dans un chemin boisé, à Saint-Romuald, avant d'être abattu. Son corps a été enterré sur place.

Un an et demi plus tard, à l'hiver 1984, le cadavre n'a toujours pas été découvert. Et Gérald Gallant n'a toujours pas reçu les 12 000 $ que Marcel Lefrançois lui avait promis.

Lefrançois paie finalement sa dette de son sang, alors qu'il se trouve au volant de son auto, en plein trafic. Gallant lui tire un projectile de calibre 12 en plein front.

Pour la première fois de sa vie, Gallant commet un meurtre pour servir ses propres intérêts, pour sa propre vengeance. Sans que cela ne lui rapporte un sou. Et ce ne sera pas la dernière fois.

6 NOVEMBRE 2006, QUARTIER GÉNÉRAL DE LA SÛRETÉ DU QUÉBEC, DISTRICT DE LA CAPITALE-NATIONALE – CHAUDIÈRE-APPALACHES, VILLE DE QUÉBEC

La 4e victime : Marcel Lefrançois, 17 février 1984, Sainte-Foy

Dans ce temps-là, j'étais jeune et très naïf.

Marcel Lefrançois me faisait toujours attendre, en me disant que ça allait mal, qu'il s'était essayé sur un deal de coke, qu'il avait perdu beaucoup d'argent et il me demandait d'être patient. J'avais l'impression qu'il étirait le temps.

Un moment donné, monsieur Denis Corriveau me dit que Lefrançois était entré en communication avec lui et qu'il avait parlé de moi mais en mal. Lefrançois lui a dit que j'avais donné des informations à la pppp... police.

Monsieur Corriveau me dit : « Méfie-toi, j'ai comme l'impression qu'il veut te faire tuer. » J'ai dit : « OK. Je te remercie beaucoup, Denis, j'vais m'en occuper. »

Alors je suis allé voir Raymond Desfossés à Trois-Rivières. Je lui tout expliqué ça. Alors on a convenu que monsieur Desfossés me trouverait quelqu'un qui viendrait m'aider à le tuer. Maintenant je déteste dire ce mot-là mais c'est...

Monsieur Desfossés m'a trouvé Réjean-Claude Juneau, de Trois-Rivières, que je connaissais un peu. J'avais entendu dire que Desfossés avait beaucoup fait de vols à main armée avec lui et que Réjean lui servait de conducteur. C'était un excellent conducteur. Il me l'a prouvé. J'en ai vécu l'expérience, j'avais pas besoin de lui dire quoi faire.

J'ai vérifié l'endroit où Marcel Lefrançois avait son commerce de massage ou de bronzage, sur le boulevard Neilson, à Ste-Foy. J'ai vérifié pendant quelques jours les heures où il partait, en après-midi. Quand j'ai été sûr de moi, Réjean est descendu à Québec.

On avait une voiture volée. On avait serré nos voitures personnelles derrière l'Auberge des Gouverneurs, sur le boulevard Laurier.

On s'est rendu à Place Neilson, on s'est stationné parmi d'autres voitures. La voiture de monsieur Lefrançois était là, parkée dans un coin pas tellement loin de son commerce.

J'en avais parlé avec Réjean et le meurtre devait se faire en chemin, entre le commerce de Lefrançois et l'embranchement pour prendre l'autoroute Henri-IV. À un stop. Vu que nos voitures personnelles étaient près de l'Auberge des Gouverneurs, on ne pouvait pas embarquer sur Henri-IV, ça nous aurait fait trop loin pour revenir.

Alors on l'a vu sortir. Réjean l'a suivi. Avant que monsieur Lefrançois prenne la sortie pour l'autoroute Henri-IV, il a ralenti sur le boulevard Hochelaga. Il a fait un stop.

Réjean est allé se placer à sa gauche... Ça s'est fait en quelques secondes. Moi j'étais assis sur le siège arrière. La vitre arrière était complètement baissée. J'ai pas eu besoin de lui dire quoi faire, c'était un type d'expérience, un pro. Il s'est placé juste à côté de lui, pour que ma vitre donne sur celle de

Marcel Lefrançois. J'étais peut-être à deux pieds de lui.

Comme arme, j'avais un fusil de calibre 12.

J'ai tiré.

Réjean est reparti sur ce boulevard-là et il est allé en direction de l'Auberge des Gouverneurs tout en regardant dans son rétroviseur pour voir si on était suivi. On n'a pas été suivis du tout. Il a placé la voiture volée dans le stationnement de l'Auberge. L'arme est restée dans la voiture et on est repartis chacun de notre bord.

J'ai repassé par le même chemin pour retourner à Donnacona. Ma voiture devait être une couleur très différente de la voiture volée qu'on avait utilisé, alors... J'ai vu sur le coin que la voiture de Lefrançois était encore là. Personne avait l'air à s'en occuper. Comme si elle était en panne. Les voitures passaient... Ma vitre était baissée un peu et j'ai pas entendu aucune sirène de police. Alors j'ai continué...

31 OCTOBRE 2006, QUARTIER GÉNÉRAL DE LA SÛRETÉ DU QUÉBEC, DISTRICT DE LA CAPITALE-NATIONALE – CHAUDIÈRE-APPALACHES, VILLE DE QUÉBEC

La 5ᵉ victime : Gilles Côté, 23 octobre 1985, Charlebours

Gilles Côté m'avait été présenté par un dénommé Gilles Bergeron à Chicoutimi, dans les années 70. Il venait de la ville de Québec. Je l'ai rencontré, on s'est parlé un peu.

Il voulait faire des vols. Les trois, on a convenu de faire un vol dans une bijouterie sur la rue Racine à Chicoutimi.

On a fait le vol, ça a mal tourné. Les policiers sont venus, Gilles Côté a tiré sur eux. Moi, je me suis enfui. Gilles Côté s'est fait arrêter avec Gilles Bergeron. Lors de son arrestation, Côté a divulgué le nom de Gérald Gallant. Alors là, j'ai été recherché durant plusieurs jours. J'ai communiqué avec un avocat. Il m'a conseillé de me rendre. Il a communiqué avec la police pour dire que le lendemain matin, à telle heure, je serais au poste de police. C'est ce que j'ai fait.

Pourquoi je me suis rendu ? C'est que mon père avait des problèmes de santé, des problèmes avec son cœur et je voulais pas accentuer ça. J'avais beaucoup de remords.

Finalement le procès a fini par un mistrial et il devait être repris. Alors, mon avocat est venu me voir et m'a dit : « Écoute Gérald, la

Couronne serait prête à régler pour complicité après le fait. Réfléchis. Je vais te dire les preuves qu'ils ont.» Entre autres, il a parlé de Gilles Côté et de Gilles Bergeron, qu'ils avaient fait une déclaration [contre moi.]

«Devant les douze jurés, tu sais, avec les preuves circonstancielles que les policiers ont, je te suggèrerais de prendre l'offre», qu'il m'a dit. Je trouvais ça gros, 8 ans pour complicité après le fait. Mais il m'a dit: «Tu t'en tires quand même à bon compte. Ils veulent éviter un autre procès, ça coûte cher.» C'est toujours une question de sous, hein? Même en 2006, c'est encore des questions de sous...

Avant d'être envoyé dans un pénitencier, j'avais été transféré à la prison d'Orsainville. Côté et Bergeron étaient là aussi.

Gilles Côté était un fier-à-bras qui faisait de la culture physique. Tout ce qui comptait, c'était ses gros bras. Pis là, il savait qu'il s'en allait au pénitencier et il avait peur que je parle, que je dise qu'il avait signé une déclaration aux policiers.

On était dans la même aile à la prison d'Orsainville. Un moment donné, je me suis senti étrrrr... étranglé par derrière, par le cou. Et j'ai reçu des coups de poing sur la tête. J'ai perdu conscience. J'ai seulement vu son ombrage mais je sais que c'est lui. Et j'ai entendu une voix aussi et c'était la voix de Gilles Côté. Il a certainement dû penser que j'étais mort.

Les gardiens m'ont trouvé à terre, ils m'ont emmené à l'infirmerie. Puis il y a un sergent là-bas, le sergent Hamel. Je me souviendrai toujours de lui. Les détenus le détestaient mais moi, je me suis aperçu que c'était un chic type. Si t'étais capable de lui parler poliment, il te parlait poliment. Si tu lui demandais de quoi poliment, tu l'avais. Mais dans ces années-là, les détenus, c'était une génération de fiers-à-bras, ça criait et ça sacrait.

Il est venu me voir à l'infirmerie. Il dit : « Écoute Gérald, on est au courant de tout, t'as même pas besoin de nous dire c'est qui. T'es passé proche, t'sais. Mais heureusement t'es encore en vie. Pis je peux te le dire que ça restera pas là. Gilles Côté a été placé dans un secteur de protection et il va être transféré dans un pénitencier. »

J'ai demandé au sergent Hamel de faire un appel très important à mon avocat, ça concernait ce qui s'était passé. J'ai dit que j'avais pas l'intention de me faire tuer. Il m'a dit « Aucun problème. » J'ai demandé à mon avocat de m'envoyer les déclarations de Gilles Côté à la police. J'ai reçu ça au bout de quelques jours.

J'ai fait faire des photocopies de sa déclaration. Chaque type qui partait pour tel, tel pénitencier, je lui en donnais une copie. Ça a tombé dans les mains d'un détenu qui partait au pénitencier de Sainte-Anne-des-Plaines et Côté avait justement été transféré à Sainte-Anne-des-Plaines. Côté s'est fait arranger le portrait. Après, il a été transféré au vieux pénitencier Saint-Vincent-de-Paul en secteur de protection. Et il a tout fait son temps en protection.

Je suis sorti en maison de transition en 1982. Puis, deux ou trois ans après, un coup installé, j'ai fait des recherches sur Gilles Côté. J'ai été voir Raymond Bouchard, le seul qui pouvait trouver quelqu'un dans la ville de Québec. Il avait tellement de contacts. Il aurait pu trouver une aiguille dans une botte de foin.

Raymond Bouchard m'a dit: «Il y en a deux "Balloune" Côté, lequel que c'est?» J'ai dit que c'est le type qui avait fait un vol à main armée dans une bijouterie à Chicoutimi. Il a fait passer le message. Il l'a trouvé et il m'a donné l'adresse. Il restait dans un bloc appartements sur Henri-Bourassa, dans le haut de Charlesbourg.

J'ai fait de la surveillance et je l'ai vu. Sa démarche, ses gros bras, ça ne trompait pas. Alors j'ai demandé de l'aide de quelqu'un [...] pour venir le faire avec moi. Je lui ai dit: «T'auras pas d'argent mais si un jour t'as besoin d'un service de cette nature-là, je serai là.» Mais y fallait que je le contrôle. C'était un gars prompt, qui agissait avant de penser.

On avait des armes. Un revolver puis un 12 à pompe ou automatique. Un soir, je l'ai vu sortir. J'avais conclu que la meilleure place, c'était dans le stationnement de son bloc.

On s'était assis sur le siège arrière de la petite van mais on s'est pliés pour pas que du monde nous voie. Un moment donné, on l'a vu s'en venir.

Je me lève la tête un peu mais là, j'ai vu qu'il avait un petit enfant à côté de lui. Pis l'autre se préparait à vouloir ouvrir le feu. J'ai dit: «Wo, wo, wo, wo wo! Il y a un petit enfant!» Lui me dit: «Ça dérange pas, y'est là.»

J'ai dit: «On ne touche pas. Il y a un petit enfant, on reviendra demain.» Il dit: «Je passerai pas mes grandes soirées icitte.» J'ai dit: «Il y a un petit enfant, tu me comprends-tu? On fait jamais ça. On va revenir demain. Si c'est pas demain, on reviendra après-demain.»

Là, Gilles Côté est parti. Pis l'autre, il bourrassait. Pour moi, c'était une question de principe et surtout une question de mmmm... morale. Un petit enfant, non... Il n'était pas question de traumatiser cet enfant-là.

Moi, ayant eu une enfance mmm... malheureuse...

On a fait le même scénario un soir ou deux après. On l'a vu sortir. Une voiture est rentrée dans le stationnement. J'ai vu Gilles Côté s'en venir. Je me suis bien assuré qu'il était seul. Quand il a embarqué sur le siège avant, du côté passager, on est sortis du véhicule et on l'a tiré à travers la vitre du char.

Je voulais le tuer. Parce que lui, il avait voulu me tuer.

En décembre 1987, Gallant retrouve sa pleine liberté au moment de l'expiration de sa peine de six ans de détention pour le braquage d'une Caisse populaire de Trois-Rivières.

Cette sentence ne l'a pas empêché de perpétrer trois meurtres pendant qu'il se trouvait en maison de transition, puis chez lui, en liberté surveillée.

«Depuis sa libération, Gérald Gallant a su se tenir éloigné de la récidive. Il semble avoir définitivement abandonné le milieu et les pairs marginaux pour se consacrer à sa nouvelle vie de famille», écrit même un fonctionnaire du service correctionnel canadien à son sujet la même année.

Le 5 octobre 1989, Gallant participe à son sixième meurtre. Celui de Guy Laflamme, un livreur de pizza du secteur Vanier, à Québec. Il sert de chauffeur à l'homme qui a été son complice lors de l'assassinat de Gilles Côté. Pour lui «rendre service».

«Il est venu me voir et il m'avait demandé de lui remettre le même service qu'il m'avait rendu. J'ai dit pas de problème. Mais je l'ai fait à contrecœur. J'étais plus tellement en bons termes avec lui. J'avais hâte de me débarrasser de ça.»

Ce n'est pas Gallant qui abat la victime. Il n'est même pas armé ce soir-là. Malgré tout, il pose ses conditions et prend ses précautions.

«Je lui ai pas posé de question, ça me regardait pas. Je ne connaissais pas sa victime, ni ses motifs. Je lui ai pas demandé. J'avais hâte que ce soit terminé. Mais je lui avais dit: "Surveille tes arrières. Et si quelqu'un te suit, embarque pas dans mon char."

Gallant avertit le tireur qu'il doit abandonner son arme dans le stationnement du restaurant Chalet Vanier, où Guy Laflamme sera abattu, avant de remonter à bord du véhicule.

Et il n'est pas question qu'il se fasse dicter le chemin de fuite. «Il voulait m'indiquer quel chemin prendre. Je lui ai dit: "T'as fait ce que t'avais à faire, laisse-moi faire le reste. C'est mon problème." Il s'est éteint sans rien dire.»

CHAPITRE 10

L'INDIC

26 FÉVRIER 2007, EXTRAIT DE LA DÉCLARATION DE CLAUDINE AUX POLICIERS DU PROJET BALADEUR :

Gérald était souvent parti pendant des semaines. [...] À une occasion, Gérald est arrivé à la maison et il n'avait plus de barbe. Je sais qu'il est allé à Vancouver voir le fils à Raymond Desfossés, qu'il m'avait dit.

Je connais aussi « André », c'est celui qui venait me donner à chaque mois l'argent qu'il devait à Gérald pendant qu'il était détenu à Genève. Il me donnait 2500 $. Il m'avait même offert de me payer un voyage en Suisse pour aller voir Gérald et j'ai refusé.

En 1992, Gérald a acheté un Chrysler New Yorker neuf. J'ai aucune idée de quelle façon il l'a payé.

Gérald Gallant donnait vraiment des tuyaux aux policiers, en 1984, comme Marcel Lefrançois l'aurait laissé entendre avant sa mort.

De fait, il a entrepris de devenir indic – informateur de police – en 1980. Tout juste après son arrestation pour le hold-up de 169 000 $ dans une Caisse populaire de Trois-Rivières. Il avait avoué son crime au policier André Hardy, de la Sûreté du Québec.

En 2007, Gallant a confié à l'enquêteur Claude St-Cyr qu'il avait « aimé l'approche » du policier Hardy.

Hardy s'intéressait particulièrement au caïd Raymond Desfossés et cherchait à l'arrêter, sans savoir que ce dernier avait déjà commandé un meurtre à son nouvel informateur. Le tueur a accepté de collaborer. « J'avais promis à l'agent Hardy que je lui amènerais Raymond Desfossés sur un plateau d'argent. J'ai gardé contact avec l'agent Hardy. Il m'a utilisé pendant plusieurs années pour obtenir des informations sur l'organisation de Raymond Desfossés et je l'ai utilisé de mon côté pour écourter mon temps de détention. »

Pendant plusieurs années, l'indic fiché avec le numéro de code IN-1458 fournit des renseignements au policier Hardy et contribue à l'arrestation de plusieurs hommes de main de son patron, Desfossés.

À l'automne 1990, Gallant reçoit 9500 $ en tant qu'informateur de police. Il a dit à l'enquêteur St-Cyr qu'une partie de cet argent lui a permis de se payer un Chrysler New Yorker flambant neuf. Une voiture qu'il utilisera ensuite pour commettre plusieurs meurtres.

Mais son tuyau le plus payant est lorsqu'il fournit suffisamment d'informations incriminantes pour faire arrêter Gérard «Maggy» Hubert. Celui-ci a dérobé 125 000 $ dans une banque dans la région de Vancouver, au milieu des années 1980.

En guise de récompense, Gallant reçoit un chèque de 40 000 $, soit le montant que la banque devait offrir à toute personne qui aiderait à résoudre le hold-up. Il reçoit aussi une prime d'informateur de 5000 $ de la SQ.

Il prend bien soin toutefois de cacher aux policiers que c'est avec lui qu'Hubert a perpétré ce vol.

Gérard Hubert est finalement condamné à 13 ans de pénitencier pour avoir commis plusieurs vols qualifiés dans l'Ouest canadien.

Ironie du sort, le braqueur que le clan Desfossés surnommait «Maggy» devient par la suite le plus fidèle complice de Gallant, sans jamais se douter que ce dernier l'a fait envoyer derrière les barreaux.

«À un certain moment durant la guerre des motards, Marcel Demers, des Rock Machine, me mettait beaucoup de pression. Il voulait que je passe un Hells Angel par semaine! C'était impossible. Je suis quand même allé voir Raymond Bouchard pour lui demander s'il connaissait quelqu'un qui pourrait m'aider. Et il m'a dit que Gérard Hubert venait justement de sortir de prison. »

114

De 1997 à 2001, Gérard Hubert participe à huit des contrats de meurtres que Gallant exécute à la demande des Rock Machine et du gang de l'Ouest.

Claudine connaît aussi Gérard Hubert. Mais la femme de Gallant le connaît seulement sous un prénom d'emprunt, «André» ou «le réparateur de laveuse», comme Gallant l'appelle dans une des lettres écrites à sa conjointe pendant sa détention à Genève. Gallant utilise lui-même la couverture du faux nom avec ses clients des Rock Machine, préservant son identité au cas où les choses tournent mal.

Les chèques de 2500 $ que Gérard Hubert apporte chaque mois à Claudine, après l'arrestation de Gallant en Suisse, représentent la «prime pour services rendus» que le tueur à gages a négociée avec son patron Raymond Desfossés, au terme de la guerre des motards.

«Gérard Hubert et moi, on était comme des frères siamois.»

5 SEPTEMBRE 2006, QUARTIER GÉNÉRAL DE LA SÛRETÉ DU QUÉBEC, DISTRICT DE LA CAPITALE-NATIONALE – CHAUDIÈRE-APPALACHES, VILLE DE QUÉBEC

La 15ᵉ victime: Alain Leclerc, 17 novembre 1997, Charlesbourg

Monsieur Hubert était habillé en femme. Alors je l'ai pris par en-dessous du bras, de même... Avant de rentrer, j'ai regardé à l'intérieur du restaurant et j'ai vu que monsieur Leclerc était assis du côté droit avec une femme.

C'était un contrat qui m'avait été donné par Marcel Demers, un membre des Rock Machine. Je pense que je l'avais rencontré chez Raymond Bouchard. Demers m'avait donné des revolvers. Un .357 Magnum et un .38.

C'est Raymond Bouchard qui m'avait présenté à Demers. Je m'étais présenté sous un faux nom. J'avais dit que je m'appelais Michel. Et que je venais d'une autre province.

Demers m'avait dit qu'il fallait que ce monsieur Leclerc tombe. Il m'avait donné l'adresse de sa résidence. Derrière, il y avait un grand terrain vacant et des pylônes électriques. Mais je trouvais pas ça extraordinaire comme endroit. Et je voulais pas rentrer dans cette maison-là. Je suis allé voir Gérard Hubert pour qu'il m'aide.

Gérard Hubert avait amené un manteau de femme et une perruque. Il m'a dit: «Je pourrais aller cogner ou sonner à la porte d'entrée et on prendrait le contrôle. Si il voit que c'est une femme, il va ouvrir.»

J'ai refusé. Y'en était pas question. Premièrement, il peut avoir des enfants là. Et ça pourrait être sa femme qui vienne ouvrir. Oublie ça.

Gérard m'a dit: «Je passerai pas toute ma vie icitte!» On est repartis.

Le soir suivant, on est revenus. On s'est stationné dans une petite rue, pas loin de la résidence, pour le surveiller. Ça a pris une heure ou deux. Il est sorti. Avec une personne que j'ai présumé être sa femme. Ils sont embarqués dans un petit camion. Je l'ai suivi en y donnant du lousse. Je l'ai laissé prendre de la distance. Il s'est arrêté dans un restaurant Ashton. Ils sont rentrés.

J'ai dit à Gérard qu'on était presque sûr qu'ils seraient là pour au moins une heure. J'avais pas de chemin de fuite de préparé. Il fallait que j'en trouve un. Mais finalement, je connaissais le coin. Aucun problème.

Ensuite, j'ai repassé devant le restaurant pour voir s'il était toujours là. Il était bien là. J'ai été me stationner à côté d'un bloc appartements.

Moi j'avais un petit manteau, des jeans, une casquette et un genre de gilet à collet roulé qu'on peut remonter.

Comme je vous disais, monsieur Hubert était habillé en femme. Je l'ai pris de même pis on s'est en venus.

En rentrant, monsieur Hubert s'est placé du côté gauche du restaurant, comme pour surveiller les personnes là. J'ai levé le collet de mon chandail. Je me suis dirigé rapidement vers l'individu. J'ai tiré dessus. Plusieurs fois. Je me souviens que sa conjointe a crié.

J'ai laissé mon arme à terre. Personne a bougé dans le restaurant. Personne. Gérard Hubert est sorti. Je l'ai suivi. À l'extérieur, on a marché normalement. Tout était tranquille...

Son rôle secret d'indicateur policier n'empêche toutefois pas Gallant de se montrer impitoyable envers un autre de ses pairs, qu'il soupçonne d'aider les autorités à le traquer.

Au printemps 1995, son grand ami Denis Corriveau lui présente un certain Guy Lévesque, qui va devenir sa 12e victime. « Il voulait faire un vol de banque et il cherchait quelqu'un. Peut-être que monsieur Corriveau lui avait dit que j'étais un voleur de banques. Il se collait sur moi. Il insistait trop. Je trouvais ça bizarre un peu. Je le connaissais presque pas. »

Gallant conclut vite en le côtoyant que Lévesque n'a jamais dévalisé de banque. Il décide alors de lui faire passer des tests.

1ER NOVEMBRE 2006, QUARTIER GÉNÉRAL DE LA SÛRETÉ DU QUÉBEC, DISTRICT DE LA CAPITALE-NATIONALE – CHAUDIÈRE-APPALACHES, VILLE DE QUÉBEC

La 12ᵉ victime : Guy Lévesque, 14 avril 1995, Saint-Antoine-de-Tilly

Moi, je suis un bonhomme très visuel, beaucoup. Je suis pas le bon Dieu mais je suis capable de lire dans les visages, un peu. Et avec lui... Ça cliquait pas. J'avais comme un mauvais pressentiment mais j'en parlais pas. J'avais des doutes sur cet homme-là. J'en avais pas encore parlé à Denis Corriveau. Je voulais pas avancer quelque chose sans être solide. Alors j'ai fait des tests.

Je l'ai fait monter à Donnacona et je lui ai montré une petite Caisse populaire. Je me suis dit, si c'est réellement un voleur de banques, la Caisse que je vais lui montrer, il va dire que ça a pas de sens d'aller faire un vol là. La paroisse des Écureuils, sur la rue Notre-Dame, c'est une toute petite Caisse. Il doit pas y avoir grand-chose dans ça.

Mais pour lui, tout était correct. Il a pas dit un mot. J'ai dit : « Regarde, en arrière de la Caisse, il y a un escalier en bois qui monte sur un terrain en haut, c'est par là qu'on va s'enfuir. » Il n'a jamais voulu venir voir avec moi. Parce qu'il faisait noir. Ça a confirmé un peu ce que je pensais. Je me suis ben aperçu que si y avait déjà fait des vols de banque, y avait pas dû prendre une fortune.

Là, je lui ai fait faire un test final. On s'est rencontrés dans le bout de Cap-Rouge. Guy Lévesque voulait jaser dans sa voiture. J'ai dit : « Non non, on sort dehors, on va prendre une marche. » Je lui ai dit que j'attendais une valise d'armes de Montréal. Que ça devait arriver le lendemain, au restaurant Normandin, à Donnacona.

Alors le lendemain, cinq ou dix minutes avant le faux rendez-vous de la valise d'armes, je me suis rendu au restaurant. J'étais sûr que mon test était bon et qu'il y aurait des policiers en civil qui seraient là.

Je regardais ma montre souvent, je m'étais assis sur le bord des vitres. Et les deux policiers en question étaient plus vers le fond. Habillés en civil. Un moment donné, je me suis tourné vite et y en a un qui me regardait. Je suis sûr à 100 000 % que c'était des policiers. Ils ont un petit quelque chose que moi, je suis capable de remarquer.

L'heure du rendez-vous a passé. La serveuse est venue voir les policiers et ils ont commandé quelque chose. Lorsqu'elle est arrivée avec leur lunch, je me suis levé, je suis allé à la Caisse, j'ai payé ce que j'avais pris, j'ai sorti dehors, j'ai embarqué dans mon char, je suis allé vers le centre d'achats à côté et je suis revenu vers le restaurant. J'ai regardé à l'intérieur où ils étaient placés. Y'avait plus personne.

Ç'a confirmé que, pour moi, Guy Lévesque était un informateur de police. J'avais fait plusieurs tests avant et ça, c'était vraiment le test final pour être sûr de mon coup.

Le lendemain, à 6 h du matin, je me rends à Breakeyville pour voir Denis Corriveau. J'ai

dit: «Faut que je te parle, c'est très important.» On est allés jaser dans un restaurant.
Là, j'y explique ça. J'ai dit: «Ton gars, c't'un
informateur de police.» Il dit: «Ça s'peut pas.»
Je le fixais et il était mal à l'aise. Il regardait
à gauche, à droite... J'ai dit: «Il y avait des
policiers là, je les ai vus, je suis sûr à 100%.»
J'ai répété que son gars était un informateur
de police et qu'il essayait de me faire mettre
en dedans.

Denis m'a regardé et m'a dit: «C'est ma
responsabilité, je vais m'en occuper.»

J'y ai dit: «Quand tu seras prêt, fais-moi
signe.»

Il m'a dit qu'il allait le tuer. Il est venu me
montrer l'endroit où il allait le faire. Je lui ai
fourni un revolver. Il m'a dit: «Je vais lui dire
qu'il vienne me chercher proche des ponts et
je vais aller lui montrer un magasin de construction qui marche beaucoup, où il y a un
coffre-fort à aller chercher et où le système
d'alarme ne fonctionne pas.»

Il m'a dit: «Tu vas te stationner là, à la sortie de l'autoroute, tu vas nous voir passer.»

Le fameux soir en question, je me suis
rendu là.

Je me suis stationné près d'un restaurant. Je les ai vus passer. Je les ai suivis de
très loin. J'avais baissé ma vitre pour entendre les coups de feu. Je les ai entendus.
Des coups de feu sourds, parce qu'il l'a tiré
dans sa voiture. C'est monsieur Corriveau
qui me l'a dit.

Je suis allé le chercher. Dans le char, je
lui parlais et c'est comme si il ne me com-
prenait pas. Il dit: «Je suis rendu sourd, ça
pète fort en maudit...» Il se pognait les oreilles
de même.

Je regrette que ce soit monsieur Corriveau qui ait commis ça. J'aurais préféré que ce soit quelqu'un d'autre. Parce que c'était un de mes grands amis.

CHAPITRE 11

L'EXAMEN

27 JUIN 2007, QUARTIER GÉNÉRAL DE LA SÛRETÉ DU QUÉBEC, DISTRICT DE LA CAPITALE-NATIONALE – CHAUDIÈRE-APPALACHES, VILLE DE QUÉBEC

J'ai fait un infarctus en 1991 ou 1992. J'avais eu des signes avant-coureurs dans les mois d'avant. J'avais des douleurs ici, ça brûlait, ça brûlait... Je me suis acheté une tonne de Pepto-Bismol, je buvais ça à la bouteille. Je pensais que je mangeais trop vite.

J'étais dans la salle de bain, au 2e étage, quand c'est arrivé. Je me suis senti le côté gauche tout engourdi, j'ai eu chaud, je transpirais. Je me sentais très mal. J'ai voulu aller m'étendre. Mais je suis tombé à terre. J'ai perdu conscience.

Je suis retourné quand même au travail, à la boucherie. J'ai voulu forcer après une fesse de bœuf, pour l'emmener sur la scie et faire des morceaux avec. C'est quand même assez lourd. Ça m'a fait mal. Je suis venu tout étourdi. J'ai dit aux employés avec moi : « Je me sens très mal. » Je devais être blanc.

Rendu à l'hôpital, le docteur est venu me voir à ma chambre et m'a annoncé que j'avais fait un infarctus. Je le croyais pas. Sans mal faire, je crois que je l'ai traité de mmmm... menteur. J'ai dit : « Je suis bien trop en forme, je suis bâti, je pesais peut-être 30 ou 40 livres de plus, je suis fait fort. C'est des menteries ça, c'est pas vrai. »

Là, il m'a dit : « D'après les examens, il faut faire des pontages. » Moi des pontages ça me disait rien. Il m'a expliqué c'était quoi. Faut qu'on rouvre. Y'en était pas question !

Je capotais. Ça se peut pas. Mais il fallait que j'y passe.

Ils m'ont opéré. Je l'acceptais mal. J'ai fait comme une sorte de dépression. Dans une boucherie, du travail léger, ça existe pas. Il faut que tu produises. J'étais pas à la bonne place, parce qu'il fallait que je force. Ça m'a découragé un peu.

Je me voyais pas avec ça. À ce moment-là, je me voyais un homme fini. Je me souvenais ce que mon père avait enduré...

Mais j'ai fini par comprendre que je pouvais avoir une vie pareil. Pas comme les autres là mais ça allait mieux.

22 FÉVRIER 1993, EXTRAIT D'UNE LETTRE RÉDIGÉE PAR LE CARDIOLOGUE DE GÉRALD GALLANT :

Hôpital Laval, Institut de cardiologie

Sainte-Foy, le 22 février 1993

Objet : Gérald Gallant, né le 1950-05-[...],
N/dossier : 3xxxx0

Cher Docteur [...],

Il s'agit d'un patient âgé de 42 ans qui a eu un double pontage aorto-coronarien le 13 mai 1992 par mammaire interne sur l'IVA et saphène inversée sur la coronaire droite. [...]

Suite à ses pontages, il a recommencé à faire un peu d'angine, moins sévère qu'auparavant mais tout de même invalidante, environ classe 2/4.

Il prend Cardigem 90 mg deux fois par jour, Monitan 100 mg deux fois par jour, du Mécavor 20 mg pour une hypercholestérolémie et de plus, il prend du Lozec 20 mg et Prépulsid 10 mg au coucher pour un problème de reflux œsophagien. Il prend toujours son Aspirine 80 mg par jour pour maintenir ses pontages perméables. [...]
Il a présenté deux crises angineuses depuis [novembre 1992] dont la dernière il y a une vingtaine de jours en montant une côte

et qui aurait cédé à la prise de 2 Nitroglycé-
rine à 3 minutes d'intervalle.

À l'examen, on note un individu d'âge moyen
qui est très nerveux, tension artérielle de
130/60. On note une cicatrice de sternotomie
qui guérit bien à la région supérieure avec
un peu de kéloïde à la région inférieure, une
sensibilité à la pression du pectoral gauche.
Le reste de l'examen est sans particularité.

Nous avons longuement discuté avec monsieur
Gallant qui comprend mieux la situation, est
moins agressif et accepte plus depuis qu'il a
consulté un psychologue. [...] En attendant,
il continuera la même médication.

Espérant, Cher Docteur, que ces renseignements vous seront utiles. Veuillez agréer l'ex-
pression de mes sentiments les meilleurs.

28 AOÛT 2006, QUARTIER GÉNÉRAL DE LA SÛRETÉ DU QUÉBEC, DISTRICT DE LA CAPITALE-NATIONALE – CHAUDIÈRE-APPALACHES, VILLE DE QUÉBEC

La 9ᵉ victime: Pierre Langlois, 8 février 1993, Charlesbourg

J'étais très, très, très nerveux. Je ne savais pas si j'allais être capable.

Mais j'avais besoin d'argent. Ça payait 20 000 $. Et je sentais une pression sur mes épaules, étant embarqué dans l'engrenage du clan Desfossés, du gang de l'Ouest et cie. Alors je ne pouvais pas dire non.

J'ai été contacté par monsieur Raymond Bouchard. Un gars qu'il connaissait avait quelqu'un à faire tuer. Un gars qui avait été partenaire avec Pierre Langlois dans des cartes de hockey. Des cartes de hockey pee-wee (du Tournoi international de hockey pee-wee de Québec). Il avait perdu beaucoup d'argent à cause de Pierre Langlois. Il est venu me montrer à quel endroit le dénommé Pierre Langlois demeurait.

J'avais une bonne description de Langlois. J'ai fait le tour du quartier plusieurs fois pour me trouver le chemin le plus rapide pour prendre la fuite. Je suis retourné une journée ou deux après, pour voir Raymond Bouchard. Je lui ai dit que ça me prenait une voiture volée. Il m'a offert de venir m'aider, moyennant 1000 $ comme service.

On s'est rendus sur la 80e Rue ou sur le boulevard Rochette, dans un poste de gaz Shell. On a attendu une heure ou deux qu'une voiture se présente et que le conducteur aille à l'intérieur en laissant tourner son véhicule. Ça s'est présenté. Raymond est sorti de la voiture et allé chercher le véhicule. Il m'a suivi pour se rendre au bloc appartements où Pierre Langlois restait.

Il a stationné l'automobile en arrière des blocs appartements, de reculons. Il y avait des petits conteneurs. Alors là, le véhicule est resté une journée ou deux stationné là.

Moi, j'ai été voir le type qui est venu avec moi, son nom c'est [...] qui demeurait à Trois-Rivières. Je lui ai expliqué que tout était prêt. Plusieurs jours avant, j'étais allé le voir pour lui dire que j'avais un contrat et que ça devrait se faire dans les jours à venir et que je m'occupais de tout. Il m'a dit: «Ça tombe mal un peu, ma femme attend un petit bébé.» J'ai dit: «Non, faut que ça se fasse.»

Le matin, il est venu me rejoindre dans le comté de Portneuf et on s'est rendu à Charlesbourg, en arrière des blocs appartements. J'avais laissé mon véhicule dans le stationnement d'un bloc qui donne sur la rue principale. De reculons, prêt à partir.

On s'est rendus à pied en arrière des blocs où Pierre Langlois demeurait, j'ai embarqué dans le véhicule volé et je l'ai avancé complètement en arrière du bloc appartement, près de la sortie. Là, on a attendu.

C'était en plein hiver. C'était froid. Les vitres étaient tout embuées, on avait gratté juste du côté droit pour voir Pierre Langlois quand il allait sortir. Ça a pas été long. On l'a vu sortir par la porte arrière de son bloc. J'ai regardé pour être sûr et j'ai dit c'est lui. On est sortis. [...] a tiré le premier et l'a atteint. Pis moi j'ai tiré aussi sur Pierre Langlois.

Les armes, si je me souviens bien, on les a laissées sur place. J'avais probablement un .357 ou un .38.

Ensuite, on s'est enfuis mais en marchant, pour pas se faire remarquer. Et on s'est rendus où j'avais placé mon véhicule à moi.

Au restaurant Marie-Antoinette, on s'est changés.

J'ai mis le linge dans un sac. Et puis on a mangé.

CHAPITRE 12

LE TANDEM

26 FÉVRIER 2007, EXTRAIT DE LA DÉCLARATION DE CLAUDINE AUX POLICIERS DU PROJET BALADEUR :

« Aux environs de 1994 et 1995, Gérald a commencé à faire beaucoup de vélo avec Jacqueline Benoit. »

5 JUILLET 2006,
POSTE DE POLICE DE GENÈVE

— Le bon soldat, y'a mis sa femme dans..., laisse tomber le tueur sans finir sa phrase, dans la salle d'interrogatoire à Genève.

— De quoi parlez-vous? l'interrompt le sergent-détective Frenette

— Cccc... Claudine..., dit Gallant, en s'essuyant les yeux pour la première fois.

— C'est normal qu'il y ait de l'émotion, là. Veux-tu des Kleenex?

— Elle mérite pas ce qui va se passer, répond-il en prenant un mouchoir. Elle le mérite pas du tout, du tout, du tout.

— Ça fait combien de temps que vous êtes ensemble?

— Je vais détruire cette femme-là. Ça fait, mon doux, je pense que c'est cette année ou l'année prochaine qu'on était pour fêter notre 25e. Elle mérite pas ça. Va falloir que tu négocies fort pour moi.

— Je te fais confiance à date, fais-moi confiance. Il faut que tu sois honnête avec le système. Donnant, donnant.

— Cette nuit, je pensais à Claudine puis j'essayais de me rappeler des choses mais... Je vais te dire quelque chose, si j'étais célibataire, j'aurais un problème de moins icitte dans.

— Ton cheminement est fait en fonction de ta protection et de l'avenir de ta femme, c'est sûr. Tu penses à elle. Là, il faut que tu nous démontres ta sincérité complète.

— Quand tu vas aller la voir, va falloir y aller mollo. Elle va te péter dans la face, elle peut s'écraser. Va falloir que tu sois extraordinaire avec. C'est mon amour.

— Je vais faire le mieux que je peux. Le mieux que je peux.

— Elle croira pas à ça. Je l'ai toujours protégée pour qu'elle ne sache jamais rien de mon côté criminel. Sa vie va s'arrêter. Et j'en suis responsable. Je vais m'en vouloir jusqu'à la fin de mes jours. Claudine, c'est une sainte.

EXTRAIT DES NOTES DE L'ENQUÊTEUR CLAUDE ST-CYR, TIRÉES DES INTERROGATOIRES RÉALISÉS AVEC GÉRALD GALLANT, DE 2006 À 2009 :

Gérald Gallant dit qu'il a peur de se regarder dans le miroir. Il a honte. Il a des migraines. Il veut nous dire des choses à propos de Jacqueline Benoit. Il dit que ça va faire du mal à des gens.

Au début de sa relation avec Jacqueline Benoit, aux alentours de 1995, elle lui avait demandé s'il voulait l'accompagner lors de transports de corps pour son salon funéraire, Gérald a accepté et a transporté plusieurs corps, entre autres au cimetière Saint-Charles (une centaine).

Il a également fait la tournée des différents hôpitaux et morgues. Jacqueline Benoit lui a aussi parlé de la possibilité d'en faire un porteur lors de funérailles. [...] Cette offre a été faite par Jacqueline Benoit après le fait qu'elle était informée qu'il était un meurtrier.

Gérard Gallant mentionne qu'à partir de la tentative de meurtre sur le Hells Angels Louis «Melou» Roy, il a fait part de tous ses meurtres à Jacqueline Benoit jusqu'à leur séparation.

Gallant dit que lui et Jacqueline Benoit ont discuté de ses meurtres. Elle disait qu'elle le reconnaissait sur les portraits-robots des suspects de ces meurtres qui ont paru dans les journaux.

138

Gallant dit qu'il l'a manipulée pour qu'elle participe à la tentative de meurtre sur « Melou » Roy et aux meurtres de Pierre Simard et d'Alain Bouchard.

Il l'a aussi amenée en vélo pour voir la maison d'une de ses victimes, Alain « Lulu » Leclerc, près de laquelle il a fait semblant d'avoir une crevaison pour observer les lieux.

Alors qu'ils faisaient du vélo, Gallant est également allé lui montrer la maison où il avait tué Richard Drouin.

Gallant mentionne avoir vu Jacqueline Benoit cacher l'argent qu'il lui a donné pour ses services dans son congélateur.

27 NOVEMBRE 2006, QUARTIER GÉNÉRAL DE LA SÛRETÉ DU QUÉBEC, DISTRICT DE LA CAPITALE-NATIONALE – CHAUDIÈRE-APPALACHES, VILLE DE QUÉBEC

C'est très difficile de vous parler de ça.

Jacqueline Benoit, c'est une femme que j'ai rencontrée dans les années 95 ou 96.

Entre nous deux, il y avait une belle chimie côté sport. Ça a été un peu plus loin aussi... Pendant six ou sept ans.

C'est une grande cycliste, une personne qui m'a aidé beaucoup à me refaire une santé. C'est elle qui m'a donné la passion du cyclisme. C'est une personne à qui je dois beaucoup sur le côté sport et santé. Elle m'a aidé beaucoup, beaucoup, beaucoup.

Elle trouvait que j'étais quelqu'un de spécial, un gars pas comme les autres. C'est probablement pour ça qu'à notre première saison de vélo ensemble, elle a mis beaucoup de temps et de patience, pour que je sois capable de la suivre. Mais elle s'apercevait que j'avais du cœur, elle a continué et ç'a bien fonctionné.

Dans les années 90, j'avais fait une crise de cœur. La grosse majorité des gens qui font un infarctus pensent qu'ils ne sont plus bons à rien. Moi je voulais me prouver que j'étais capable. Quand je partais seul en vélo, je la voyais en faire et un moment donné, je me suis arrangé pour la croiser.

140

Étant une cycliste d'expérience, elle avait remarqué que je pédalais mal, que je forçais trop. Pour me rendre service, elle est venue m'expliquer que c'était pas de même.

Elle m'a demandé où je demeurais, j'ai dit : « Ici à Donnacona. » Elle m'a dit : « Ah ! Je vous connais pas. » J'ai dit : « Je demeure dans tel quartier, j'ai eu des petits problèmes de santé mais je me remets en forme. »

Elle m'avait dit : « Mon conseil c'est de rouler moins en force, ça va vous fatiguer beaucoup moins, vous allez pouvoir faire plus de kilomètres et avoir plus de plaisir. »

Je l'ai recroisée, je l'ai remerciée pour ses conseils. Je lui ai demandé de me conseiller pour l'achat d'un nouveau vélo. Elle a accepté. J'étais prêt à mettre 1 000 ou 2 000 $. Pour moi c'était très dispendieux pour un vélo. Plus tard, j'ai appris qu'y avait des vélos de 5 000, 10 000, 25 000 $, c'est incroyable. Elle connaissait le propriétaire d'une boutique et m'a aidé à me choisir un vélo et des souliers de vélo.

Mademoiselle Benoit m'a dit : « Pour une semaine, je vais en faire avec vous, pour vous montrer les techniques. » Elle me disait toujours « vous » les premiers temps.

Mais elle a dit : « Ça va durer une semaine parce que, je vais être franche avec vous, je vais fatiguer, moi, de devoir réduire ma vitesse. » Elle roulait à côté de moi et elle a dû me dire une cinquantaine de fois : « Fermez vos jambes, mettez-les proches de votre vélo, ça pédale mieux. » Ensuite lorsqu'elle voyait que ça venait dur, elle disait : « Changez votre vitesse. » Et toujours garder mon casque.

Un moment donné je lui ai dit que j'aimerais faire du vélo avec elle, que je me sentais prêt. Je me souviens de sa réponse comme si c'était hier. Elle a dit: «Normalement je roule seule. Je vais où je veux.» J'ai dit: «Je vais vous suivre.» Elle m'avait bien dit: «Moi, je vous attendrai pas. Si vous êtes pas capable de me suivre, bye-bye!»

J'ai fait du vélo avec elle. Je m'apercevais qu'elle diminuait sa vitesse un peu. Elle voulait que je réussisse. Puis, il est venu un temps où je n'avais plus de problème.

C'est une femme de caractère, elle sait ce qu'elle veut. C'est une demoiselle qui a énormément de discipline. Quand elle dit non, c'est non et quand elle dit oui, c'est oui.

Elle trouvait que j'étais un homme à part des autres. Financièrement ça allait bien pour moi. Belle voiture, tout ça. Pas de boisson, aucune drogue. J'avais moi-même une certaine discipline dans ma vie, c'est sûrement ça qui l'a attirée aussi.

On a fait plusieurs voyages ensemble, dans plusieurs pays du Sud et dans plusieurs pays en Europe. Notre dernier voyage fut en Tunisie, en 2002. Je crois que notre temps était fait. Nous avions des caractères différents. Mais on s'est séparés très amicalement.

J'avais mon côté secret qu'elle ne connaissait pas. Étant une femme très intelligente, elle a sûrement voulu savoir. Elle me disait que les gars qu'elle a voulu fréquenter, le premier soir, ils essayaient de lui sauter dessus. Moi, c'était pas mon genre du tout. J'étais un homme de classe.

C'est une femme qui n'avait pas besoin de ça. Elle vient d'une très bonne famille, des gens qui ont beaucoup de classe. Des gens très à l'aise financièrement qui ont travaillé très dur pour avoir ce qu'ils ont. Ils possèdent des salons funéraires et des services d'ambulance. Ça travaille 24 h sur 24.

Moi j'admire beaucoup ces gens-là. Avec les mois et les années, j'ai connu ses frères, sa mère. Ce sont des gens tellement sympathiques et charmants.

Puis... Ce que je suis en train de faire-là, ça va... Ça va leur faire... beaucoup de mal.

Pourquoi Jacqueline a fait ça? On a quand même une différence d'âge de 12 ou 13 ans, peut-être plus. Le fait que j'ai été capable de la suivre sur le vélo, sur les sorties de plusieurs kilomètres de vélo, je crois que ça l'a peut-être impressionnée. Après avoir fait une crise de cœur. C'est une femme qui aime les défis.

C'est un milieu qu'elle ne connaissait pas du tout. J'ai l'impression qu'elle a voulu voir ce genre de milieu. J'aurais pas dû lui demander ça. Je l'ai complètement manipulée sans qu'elle s'en aperçoive. Si c'était à refaire, jamais que je lui aurais demandé ou parlé de ces choses-là.

Le seul responsable dans les choses que Jacqueline a faites, c'est moi. Jacqueline n'a jamais été présente lors d'aucun meurtre ou tentative de meurtre. Je l'ai simplement manipulée. Puis sans s'en rendre compte, je crois qu'elle a pris ça comme un défi. Sans réfléchir aux conséquences. Je crois qu'elle n'a pas réalisé ce qu'elle faisait.

Je regrette amèrement de l'avoir impliquée là-dedans. J'ai impliqué une demoiselle qui n'était pas une criminelle. Et à mes yeux, ce n'est toujours pas une criminelle.

Je l'ai toujours regretté. Même après que j'aie cessé de faire du vélo avec elle. Je m'en voulais tellement, c'est incroyable. C'est pour ça qu'au début de nos rencontres dans ces

dossiers-là, j'avais omis de vous en parler...
Je savais que j'allais faire du mal.

Durant toute ma vie qu'il me reste à faire, je vais toujours avoir des regrets. Tout ce que je souhaite, c'est que les personnes ne soient pas trop sévères avec Jacqueline Benoit. C'est moi le grand rrrr... responsable de ça.

25 OCTOBRE 2006, 27 NOVEMBRE 2006, 27 JUIN 2007 ET 29 JANVIER 2009, QUARTIER GÉNÉRAL DE LA SÛRETÉ DU QUÉBEC, DISTRICT DE LA CAPITALE-NATIONALE – CHAUDIÈRE-APPALACHES, VILLE DE QUÉBEC

Tentative de meurtre sur le Hells Angel Louis «Melou» Roy, 23 août 1997, Jonquière

Je lui ai dit: «Je descends à Chicoutimi. Est-ce que tu veux venir avec moi?» Elle m'a dit oui. Elle aurait dû me dire non.

Pourquoi elle m'a dit oui? Je pense qu'elle voulait me prouver quelque chose qu'elle n'avait pas besoin de me prouver.

Au début de la guerre des motards, Raymond Bouchard m'avait dit que nous avions pris le bord des Rock Machine. Il me disait: «On n'est pas des Hells.» Les Italiens [de la mafia montréalaise] s'étaient mis du côté des Hells.

Bouchard m'a expliqué que les Rock Machine de Québec en arrachaient beaucoup et qu'ils n'avaient pas de tueur à gages avec eux. Donc Bouchard m'a dit: «Tu vas travailler pour eux.» C'est lui qui m'a présenté Marcel Demers, des Rock Machine.

Marcel Demers m'avait donné l'adresse du Motel Royal en me disant que «Melou» Roy restait là et que ça appartenait à ses parents. Puis il m'avait donné une photo de lui.

Jacqueline a loué une chambre au motel des parents à «Melou» Roy. Je me souviens qu'on a regardé ensemble les funérailles de Marie-Soleil Tougas à la tv.

C'est moi qui a fait les surveillances. Mais elle s'est douté que j'allais là pour le tuer.

La photo que j'avais de «Melou» Roy, c'était une photo de journal. Je voulais bien m'assurer que c'était lui. Quand il est sorti du motel et qu'il était dehors, j'ai dit à mademoiselle Benoit: «Si il sort dehors, tu lui demanderas si il connait un bon restaurant de pâtes fraîches.»

Elle s'est avancée vers lui, elle l'a appelé monsieur. Moi je me suis avancé aussi mais c'est Jacqueline qui lui a parlé plus que moi. Il me regardait mais pas plus que ça. Et il nous a indiqué un très bon restaurant à la sortie de Jonquière sur la route d'Alma.

Jacqueline lui a dit merci et moi aussi.

J'avais pas amené d'arme parce qu'il n'était pas question que mademoiselle Benoit soit présente. Ça, je ne voulais pas. Mademoiselle Benoit, j'en avais pas besoin. Comme dans tous les autres... Mais je lui ai remis 2000 $ ou 3000 $. C'était ma grande générosité.

Je suis retourné un soir, pas longtemps après. Demers m'avait dit que «Melou» Roy était en liberté sous condition et qu'il avait un couvre-feu. Je me suis mis dans un boisé pas tellement loin. Un marécage. Il y avait pas beaucoup de voitures dans le stationnement du motel.

J'avais deux armes sur moi. Je m'étais acheté une paire de bottes de rubber assez hautes. Mais pas assez parce qu'y a de l'eau qui est rentrée pareil. J'ai attendu. Il est arrivé dans le stationnement vers 11 h moins

146

quart, 11 h moins cinq. En Mercedes ou en BMW, je me souviens pas.

Le motel était éclairé un peu mais c'était sombre. Quand je l'ai vu s'en venir dans le stationnement et que j'ai vu son visage, j'ai dit c'est lui. Je l'ai laissé se stationner près du bureau de la réception. Je me suis avancé. Mais là, j'avais de l'eau dans mes bottes et quand je marchais ça faisait splash splash splash...

Il m'a vu. J'ai fait feu mais il s'est baissé. Il est sorti et il contournait le char. J'essayais de tirer. Il se baissait, il allait de gauche à droite. Quand il s'est aperçu que je tirais plus, il s'est sûrement dit que mon arme était vide. Alors il s'est levé et s'est avancé sur moi. Et il m'a dit : « Mon sale. »

Alors moi, j'ai sorti l'autre arme que j'avais et j'ai tiré dans son torse pour le faire tomber. J'ai tiré plusieurs fois mais il restait debout puis il avançait.

Il est finalement tombé trois ou quatre pieds en avant de moi. J'ai eu affaire à quelqu'un de très solide. Quelqu'un qui n'avait pas tellement froid aux yeux.

Lorsqu'il est tombé, j'ai voulu le tirer encore mais là, l'arme s'est enrayée ou j'avais plus de balles.

Je suis parti au centre-ville de Chicoutimi. J'ai trouvé un petit stationnement pour me changer, j'ai mis ça dans un sac.

J'avais à prendre une décision. Est-ce que je remonte vers le parc des Laurentides ou je fais tout le grand détour. Je savais que dans le parc des Laurentides, il y avait beaucoup de surveillance policière. Puis que dans l'autre, le parc pour aller à Sacré-Cœur et prendre le traversier à Tadoussac, il y a presque pas de surveillance policière. Même si ça me faisait un méchant détour, j'ai pris ce chemin-là. Mon linge, je l'ai jeté dans ce parc-là. J'ai voyagé toute la nuit. Je me suis rendu chez moi, le jour se levait.

Quelques jours après, j'ai rencontré Marcel Demers. Je lui expliqué comment ça s'était produit. Il était souriant. «Melou» n'était pas mort, mais lui, il souriait pareil...

Il m'a serré dans ses bras. Il m'a dit : «C'est pas grave, t'as tiré le numéro 2 des Hells Angels, ils vont prendre ça dur en maudit.» Il était fier. Même si y était pas mort, j'ai reçu 20 000 $.

8 SEPTEMBRE 1998, EXTRAIT DE LA DÉCLARATION DE L'EX-CONJOINTE DE PIERRE SIMARD AU SERVICE DE POLICE DE LA VILLE DE QUÉBEC :

La 20ᵉ victime : Pierre Simard, 8 septembre 1998, Québec

Je connais Pierre Simard depuis six ans. [Nous avons] eu une petite fille le [...] À cette même date, Pierre fut condamné à 5 ans de pen pour trafic de stupéfiants.

Je l'ai pas vu jusqu'à ce qu'il soit transféré à Donnacona où je le visitais deux à trois fois par semaine. Il est sorti du pen le 20 mars 1998. Nous nous sommes fréquentés un mois et demi mais ça ne marchait pas. Nous nous sommes laissés jusqu'au 22 juin 98.

À partir de cette date, on se voyait à tous les jours. Il était en [maison de] transition. Il quittait [la maison de transition] à 8 h le matin et il y retournait à 23 h. Il était tranquille, ne voyait personne de ses anciens amis. [...]

Aujourd'hui, le 8 septembre, Pierre est arrivé chez nous vers 8 h 10. Nous sommes restés ensemble jusqu'à 13 h 15. Il m'a laissée chez ma sœur, il est parti avec ma voiture au bronzage et à l'entraînement. Après, il avait un rendez-vous à la [maison de] transition. Je suis allée chercher ma fille à la garderie et à mon retour, Pierre est arrivé peu de temps après.

Nous avons soupé. Par la suite, Pierre est allé chercher une cassette au Vidéo Éclair, il a acheté du lait et il est revenu chez nous. Nous avons écouté le film.

Vers 22 h, Pierre a fait partir la voiture avec le démarreur à distance. Il a dit : « On est correct, y a pas de bombe. » Il est sorti et j'ai barré la porte.

J'étais dans la cuisine quand j'ai entendu trois ou quatre coups de feu. J'ai pensé que c'était des enfants. Mais là, j'ai entendu Pierre crier. J'ai regardé par la fenêtre et j'ai vu Pierre étendu sur le dos.

J'ai vu un homme, mince, portant un kangourou noir ou marine, avec un capuchon. Il avait une barbe de quelques jours. Il m'a regardée au moins trois secondes et il est parti.

J'ai apporté ma fille chez ma voisine et je suis allée voir Pierre. Il y avait une arme couleur argent, crosse en bois brun, près de son genou gauche. Pierre avait le bras dans la figure. Je lui ai soulevé le bras mais les policiers sont arrivés et ils m'ont tassée...

16 OCTOBRE 2006 ET 27 NOVEMBRE 2006, QUARTIER GÉNÉRAL DE LA SÛRETÉ DU QUÉBEC, DISTRICT DE LA CAPITALE-NATIONALE – CHAUDIÈRE-APPALACHES, VILLE DE QUÉBEC

J'avais mon Chrysler New Yorker noir. Dans mon Chrysler, j'avais une cache d'armes que Raymond Desfossés m'avait fait faire. Je sais que ça lui avait coûté 2500 $ pour faire faire cette cache-là. Gérard Hubert aussi avait ce genre de cache-là dans ses voitures.

Ce meurtre-là m'avait été demandé par Marcel Demers. Les indications étaient écrites sur un petit papier. Pierre Simard était dans une maison de transition, sur la rue Kirouac.

Je trouvais que c'était impossible pour moi de suivre monsieur Simard quand il sortait de la maison de transition parce qu'il s'en serait aperçu.

J'ai demandé à Jacqueline Benoit sa participation. Simplement de le suivre et de repérer un endroit où Pierre Simard allait. Un restaurant, un bar... Elle m'a dit oui.

On l'a suivi. Moi j'étais étendu sur le siège arrière. Quand il a tourné à telle rue, je lui ai dit : « Ne tourne pas, continue tout droit. » On est revenus une heure après. Puis j'ai trouvé l'endroit où Pierre Simard avait stationné sa voiture. Pas loin de l'ancien Colisée, qu'ils appellent maintenant le Centre Pepsi.

Je suis retourné le soir, seul. J'avais laissé ma voiture personnelle assez loin. Je me suis en venu à pied à son bloc appartements.

Il y avait plusieurs voitures dans le stationnement. Je me suis caché derrière une de ces voitures-là. À plat ventre. Et j'ai attendu.

Il faisait sombre. Un monsieur est venu à cette voiture-là, il a embarqué et il est parti. J'étais juste derrière. Il ne m'a pas vu.

Alors je suis allé me placer devant la voiture de monsieur Simard. Le devant de l'auto était face à la clôture. J'ai comme moulé son bumper avant avec mon corps. J'ai dû rester là à terre, sans bouger, pendant une à deux heures.

Là, j'ai entendu le moteur partir. Monsieur Simard l'avait fait partir avec un démarreur à distance. Mais il n'est pas descendu immédiatement. Ça a pris trois à cinq minutes. Probablement qu'il voulait s'assurer qu'il n'y avait pas de bombe sur sa voiture...

C'était des marches d'escalier en fer et je l'ai entendu descendre. Par en-dessous de la voiture, j'ai vu une partie de ses jambes qui s'en venaient. Quand j'ai vu qu'il était proche, je me suis levé. Mais j'avais un côté de mon corps qui était complètement annnn... ankylosé. Je suis arrivé devant lui presque sur une jambe.

Lorsqu'il m'a vu, il est resté surpris. J'ai fait feu en sa direction. Il est tombé à terre. Mais j'ai tiré encore parce que Marcel Demers m'avait dit que Pierre Simard était très dangereux. J'avais deux armes avec moi. Des revolvers. J'ai dû tirer six, sept coups de feu, certain.

Puis j'ai marché doucement vers mon Chrysler.

J'ai rencontré Marcel Demers quelques jours après, chez Raymond Bouchard. Je lui ai dit que je m'étais moulé dans le bumper de Pierre Simard. Ça l'a fait rire aux éclats.

17 OCTOBRE 2006 ET 26 NOVEMBRE 2006, QUARTIER GÉNÉRAL DE LA SÛRETÉ DU QUÉBEC, DISTRICT DE LA CAPITALE-NATIONALE – CHAUDIÈRE-APPALACHES, VILLE DE QUÉBEC

La 16e victime : Alain Bouchard, 10 février 1998, Québec

Marcel Demers, des Rock Machine, m'avait dit que ce type-là était propriétaire d'une brasserie dans le Mail Saint-Roch. Moi, n'étant pas un habitué de cette brasserie, si j'étais allé trop souvent, je me serais fait remarquer. C'était la clientèle du mail qui allait là. C'est un secteur pauvre, avec beaucoup de clochards. Vente de drogue, prostituées.

J'ai demandé à Jacqueline si elle voulait y aller et si elle pouvait le reconnaître avec la description que je lui donnais.

Elle est rentrée au restaurant, elle a mangé une soupe. Elle est revenue au bout d'une demi-heure et elle me l'a décrit. Pas tellement grand, une grosse bedaine. Elle m'a dit : « T'auras pas de misère à le reconnaître. » Après, je lui ai donné quelques milliers de dollars et je lui ai expliqué comment ça s'est passé.

Je crois que ça s'est passé entre 9 h 30 et 11 h le matin. J'étais habillé de couleur foncée mais au lieu d'avoir une casquette, j'avais une tuque parce que j'avais remarqué que beaucoup de personnes dans le Mail Saint-Roch portaient une tuque. Alors je me suis habillé comme tout le monde. Du linge normal, comme tous les gens qui étaient là.

Je me suis assis sur une banquette qui donnait du côté du mail. La serveuse est venue, j'ai callé un café et un ordre de toasts. C'est fort possible que j'aie demandé un journal aussi.

J'ai attendu une demi-heure ou une heure. Alors j'ai vu l'individu en question rentrer dans la brasserie. Il était accompagné de deux ou trois hommes. Je me rappelle qu'il est allé parler au cuisinier. Là il s'est en venu vers les banquettes où j'étais assis. Il s'est assis du même côté de moi mais dans la banquette complètement au fond. Il y avait deux ou trois banquettes qui nous séparaient. Il s'est assis face à moi. À côté de lui, il y avait quelqu'un et face à lui, il y avait une ou deux personnes.

Alors là, j'ai examiné les environs pour voir si tout était correct. Puis j'ai mis ma petite paire de gants noirs. J'ai simplement dézippé un peu mon manteau pour avoir accès à mon arme. Je me suis levé. Je me suis dirigé vers cette banquette-là, j'ai sorti mon arme et j'ai fait feu en sa direction. Plusieurs coups. Je me souviens que le type qui était à côté s'est penché. Alain Bouchard est tombé.

J'ai pris la direction de la sortie qui donne sur la rue Dorchester ou de la Couronne. Pas vers l'intérieur du Mail Saint-Roch, mais vers l'extérieur. En me dirigeant vers la sortie, je suis arrivé face à une serveuse. Je crois qu'elle était jeune.

Elle a figé devant moi. Je lui ai parlé calmement. Je lui ai dit : « Tasse-toi je ne te ferai jamais aucun mal. » Puis, vu que j'avais parlé calmement, elle s'est tassée. Avant de sortir sur la rue, j'ai laissé l'arme tomber à terre dans un portique. Un revolver.

CHAPITRE 13

LE JOURNAL INTIME

26 FÉVRIER 2007, EXTRAIT DE LA DÉCLARATION DE CLAUDINE AUX POLICIERS DU PROJET BALADEUR :

À la maison, c'est Gérald qui avait le contrôle de l'argent et c'est par périodes qu'il semblait avoir beaucoup d'argent.

Moi, je suis allé en voyage avec Gérald une fois à Fort Lauderdale et une fois à New York. [...]

Gérald faisait des voyages dans le Sud et il me disait qu'il partait avec un Marcel, de Saint-Marc, mais il ne ramenait jamais de photos.

Inspiré par sa maîtresse, Jacqueline Benoit, Gérald Gallant a commencé à recenser par écrit toutes ses activités de cyclisme dans un carnet, en 1997. Une sorte de journal intime.

Chaque carnet contient une description de toutes ses randonnées, le kilométrage parcouru, ses achats de vélo, de vêtements et d'équipement, avec les dates, les endroits et les trajets correspondants.

Il a rédigé un carnet par année, jusqu'en 2005. En tout, 1317 pages.

Le 23 avril 1997, il note qu'il a acheté son premier vélo, en compagnie de Jacqueline Benoit, au Géant du vélo Saint-Basile, pour la somme de 1099$. Un Mikado, 24 vitesses de couleur verte. Il écrit: « Achat conseillés [sic] par une professionnelle. Merci.»

« Je l'ai payé avec l'argent des meurtres », dit-il à l'enquêteur St-Cyr, en 2007. Possiblement avec une partie des 20000$ qu'il venait de toucher pour un contrat de meurtre, exécuté 15 jours plus tôt.

Il essaie son vélo le lendemain. Il roule sur une distance de 28,3 km franchie en 1 heure 25, notamment dans le rang 2 de Donnacona. Le 26 avril, il en parcourt presque le double, soit 52 km. «Douleurs aux genoux», griffonne-t-il ce jour-là.

Gallant observe qu'au début de juin de cette même année, il pèse 158 livres. Mais le 27 août suivant, il a fondu de 14 livres. Son taux de cholestérol a également chuté.

À ce moment, Gallant, qui se qualifie de cardiaque, roule régulièrement sur des distances de plus de 100 km à chacune de ses randonnées, enfourchant son vélo pendant plus de quatre heures par jour sur les routes des régions de Portneuf, Québec et de la Mauricie.

Le 5 septembre de la même année, Gallant fait l'acquisition d'un nouveau vélo d'une valeur de 3 000 $ et dépense 1 000 $ en vêtements de cyclisme. Toujours avec l'argent du crime.

«J'ai payé cash. Ce ne sont pas mes rentes qui ont payé ça.»

À la fin de sa première saison de cyclisme, Gallant a parcouru 14 025 km. «Bravo», écrit-il pour se féliciter.

Dans son journal de vélo, Gallant note aussi chacun de ses voyages à l'étranger, en y précisant les dates et la destination. Paris, Côte d'Azur, Italie, Espagne, Portugal, Mexique, République dominicaine, Cuba, Tunisie.

La plupart du temps, il part avec sa maîtresse et complice, Jacqueline Benoit. Chaque fois, il lui paye le voyage. «Avec l'argent du crime», précisera-t-il ensuite aux policiers.

De 1997 à 2002, Gérald Gallant défraie la rondelette somme de 31 514 $ pour ses vacances à l'étranger en compagnie de Jacqueline Benoit, découvrent les policiers.

«C'est le paradis», écrit-il dans un de ses carnets au sujet des plages et du soleil de Puerto Plata, en mars 2000.

Deux ans plus tard, Gallant met un terme à son idylle avec Jacqueline Benoit, au terme d'un périple en Tunisie. Dans son journal, il en parle comme du «voyage de la vérité».

Le 7 mai 2003, même à une période où les contrats de meurtre et l'argent liquide se font plus rares, Gallant n'hésite pas à utiliser sa carte de crédit pour acquérir un nouveau vélo de haute performance, d'une valeur de plus de 10 000 $.

Gallant a d'autres compagnons avec lesquels il continue de faire du vélo. Il ne les amène pas en voyage, mais il tient régulièrement à payer leurs repas sur la route.

«C'était un chic type, déclare l'un deux aux policiers. Il était très généreux. Un jour, je lui ai demandé comment il faisait pour vivre. Il disait qu'il avait eu une compagnie sur la basse Côte-Nord et qu'il vivait de ses placements à la suite de la vente de la compagnie. Il semblait assez à l'aise financièrement, mais rien d'exagéré. Une petite maison à Donnacona, belle voiture, bon vélo. Même s'il était très en forme, il disait qu'il était cardiaque et que son père était mort du cœur. Il était toujours de bonne humeur et disait souvent en vélo:"La vie est belle."»

Mais gare aux automobilistes qui ont la mauvaise idée de gâcher la bonne humeur du cycliste Gérald Gallant.

27 JUIN 2007,
QUARTIER GÉNÉRAL DE LA SÛRETÉ DU QUÉBEC,
DISTRICT DE LA CAPITALE-NATIONALE –
CHAUDIÈRE-APPALACHES, VILLE DE QUÉBEC

Un jour, à l'été 2004, on était de retour d'une randonnée de vélo, sur la route 138, à la hauteur de la ville de Portneuf.

Il y a un monsieur qui sortait d'un bar et qui nous suivait. Nous, on était sur notre accotement, sur la route verte. Puis un moment donné, la 138 devient beaucoup plus large. Alors ce monsieur-là a eu une sorte de rage au volant. Il est parti de très loin pour essayer d'aller bumper Marc*. Je lui ai crié : «Fais attention!». La voiture était à deux pouces de la jambe gauche de Marc.

Moi le cœur me débattait, je me disais : «Il va se faire tuer». Le monsieur était enragé, il sacrait. Selon moi, il était en boisson assez avancée. Il avait une rage contre les cyclistes mais on ne lui avait absolument rien fait.

Marc a continué et quand je suis arrivé à sa hauteur, le monsieur a essayé de me bumper moi aussi. J'ai crié après. J'ai peut-être pas dit des belles choses. Je lui faisais signe : «Arrête, viens me voir! Viens me voir!» J'ai dû descendre quelques saints du ciel en disant ça.

Il aurait pu tuer Marc et il essayait de faire la même chose avec moi. Je l'ai vu tourner dans une rue. J'ai remarqué laquelle.

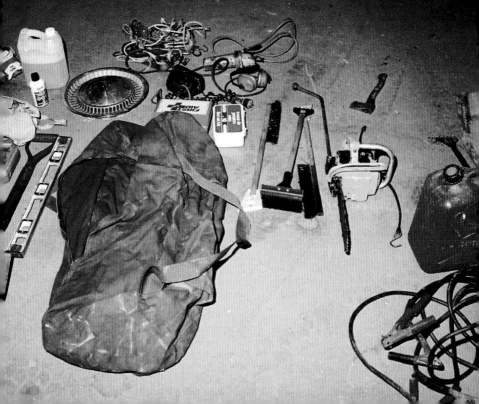

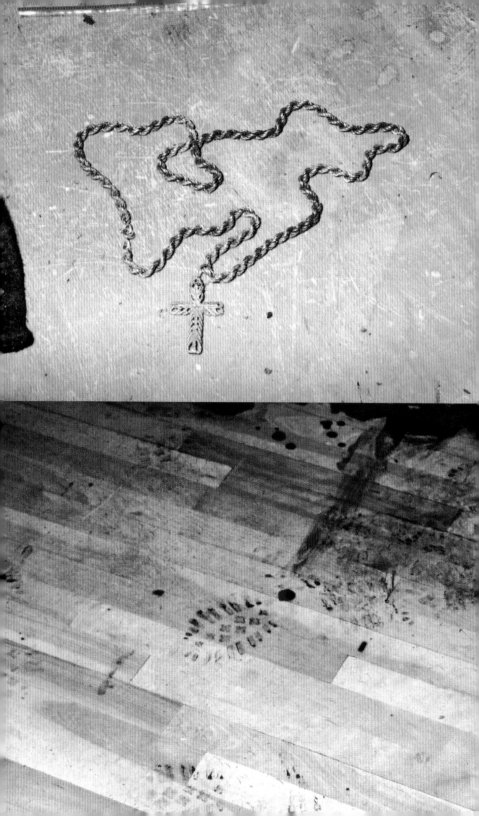

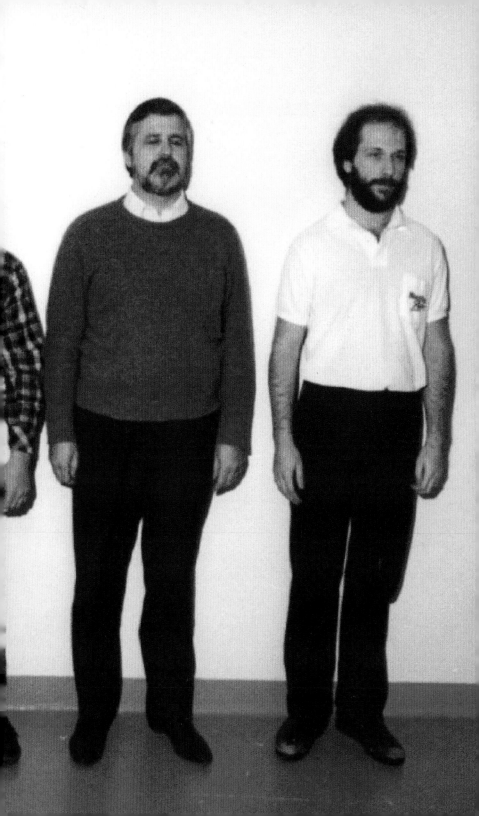

Je devais shaker un peu. J'avais eu tellement peur pour Marc et pour moi. Ça m'avait fait de quoi.

Plus tard, j'ai embarqué dans ma voiture et je suis allé à Portneuf. Dans la rue où j'avais vu cette voiture-là tourner. C'était possiblement un véhicule GM, de couleur vert forêt. J'avais remarqué qu'il y avait beaucoup de «2» sur sa plaque d'immatriculation. J'ai trouvé la résidence de ce monsieur-là. Le véhicule était là.

J'acceptais pas le fait qu'on aurait pu se faire tuer sans aucune raison. Je tiens à préciser que jamais j'ai eu l'intention de le tuer ou de lui faire mal physiquement. À ce moment-là, j'avais déjà refusé deux contrats de meurtre qu'on m'avait offerts et je n'étais plus à l'aise avec ce que j'avais fait avant. En me tenant avec des gens non criminalisés, je m'apercevais que j'étais pas sur la bonne route. J'avais plus de plaisir avec des gens non criminalisés qu'avec des gens criminalisés.

Mais je voulais lui donner une bonne leçon. Alors je suis retourné le soir, tard. J'ai stationné ma voiture un peu plus loin. J'avais amené un couteau avec moi. Je lui ai crevé les quatre pneus. Je me suis dit: «Ça va lui faire mal.» Surtout que c'était une personne âgée.

Quelques jours après, je suis repassé par Portneuf en vélo avec Marc. J'ai vu la voiture en question et j'ai dit à Marc: «Tiens, regarde les beaux pichous neufs!»

Je crois qu'il a très bien compris ce que je voulais dire. Étant un type très pacifique, il m'a dit: «T'aurais pas dû lui faire ça.» Je lui ai dit: «J'espère que ça lui a donné une bonne leçon.»

*prénom fictif

Le tueur à gages ne se contente pas d'inscrire des notes concernant son sport favori et ses voyages à l'étranger dans ses carnets.

En langage codé, il court même le risque de faire allusion à certains de ses assassinats.

Ainsi, le 10 février 1998, il écrit simplement : « Médaille d'or », sans préciser de trajet, de distance parcourue, ni d'endroit.

Il s'agit de la date du meurtre d'Alain Bouchard, sa 16e victime, abattue dans une brasserie du Mail Saint-Roch, à Québec.

— Voyez-vous une relation entre ce meurtre et l'inscription dans le livre ? lui demande l'enquêteur St-Cyr le 27 juin 2007.

— Oui, c'est directement relié. Ça veut dire que la job est faite et que tout s'est bien déroulé, répond Gallant.

Le 27 mars 2003, il écrit qu'il part une semaine à Cayo Coco, à Cuba. Seul. « Pour décompresser. »

La semaine précédente, Gallant écrit qu'il est allé à New York pendant trois jours pour y passer la fête de Pâques, en compagnie de sa conjointe, Claudine. Un « voyage organisé, en autobus ».

Et juste avant ces deux périples, dans son carnet de vélo, une autre note qui n'a rien à voir avec le vélo, le 12 mars 2003. Deux mots : « Mission accomplie ».

CHAPITRE 14

LE RÉCALCITRANT (I)

5 JUILLET 2006,
POSTE DE POLICE DE GENÈVE

— On a parlé du « Prince », qui était un dénommé Duchaîne. Vous avez dit que vous aviez quelque chose à voir là-dedans. Qu'est-ce qui s'est passé? demande l'enquêteur Frenette, avec l'air du gars qui s'en va à la pêche.

— On peut-tu revenir plus tard sur « Le Prince »? s'enquiert le délateur, visiblement peu enclin à aborder ce sujet.

— Y a-t-il une raison particulière? On peut attendre un peu. Je vais vous laisser y penser un petit peu. Qu'est-ce qui vous inquiète dans « Le Prince »?

— Faut pas que je sorte dans une boîte de carton.

— Parce que c'est une histoire que, moi, je connais. Je vois pas de différence avec d'autres histoires. À moins qu'il y ait quelque chose que j'ignore, ce qui est fort possible.

— On peut-tu attendre une autre fois?

CHAPITRE 15

LE CHIEN

5 JUILLET 2006,
POSTE DE POLICE DE GENÈVE

— C'est dix ans que je veux avoir, annonce le tueur, pensant pouvoir négocier sa peine d'incarcération avec les enquêteurs québécois.

— Moi, des promesses, j'en fais pas. On a mis ça clair dès le départ, rétorque le sergent-détective Frenette, un brin contrarié.

— Si tu voulais, tu pourrais en faire.

— J'en ferai pas. Ça donne rien parce que la façon de procéder, c'est sans promesses ni menaces. Tout ce que je peux vous faire comme promesse, puis je l'ai fait, c'est qu'on va assurer votre sécurité, la sécurité de votre femme. C'est la loi.

— Parce que Raymond Bouchard, c'est un gros morceau, hein?

— C'est tous des gros morceaux.

— S'ils arrivent avec 15 ans, je suis aussi bien de mourir en dedans, avec l'état de santé que j'ai là.

— Je peux pas marchander, c'est pas ma tâche. Ça détruirait toute la crédibilité du processus. Je comprends que quelqu'un ne veuille pas faire beaucoup de prison, mais qu'un policier décide ce qui va t'arriver, c'est pas notre tâche. Tout ce que le policier peut faire, c'est des représentations aux autorités compétentes.

— Parce qu'en fin de compte, tu sais que, à 56 ans, pour moi, tout est fini.

— Je veux pas me répéter, je connais ton état de santé, je connais l'homme, je connais la situation et je connais le dossier. Les données qui me manquent, ce sont celles que tu connais. C'est les seules qui me manquent, insiste Frenette, dont la tirade est accueillie par un long silence de Gallant.

— Il mouille à siaux, constate soudainement l'enquêteur St-Cyr.

— Ça va faire du bien, réagit le délateur. J'suis fatigué en ostie. J'ai hâte de retourner au Canada. Ben, j'ai hâte pis j'ai pas hâte...

— Moi aussi, j'ai hâte, renchérit Frenette.

— Ça peut éclater quand?

— Je peux pas te dire. J'ai même pas le portrait complet de l'enquête.

— À peu près?

— Dis-moi combien il t'en reste? Parce que si y'en reste, ça change tout, comprends-tu? Il faut que j'aie la certitude que t'as tout dit.

— Mettons qu'il en resterait un...

— Mettons qu'il resterait plusieurs semaines d'enquête. Quatre, cinq mois. En dedans d'un an, je pense...

— Avant qu'il y ait des arrestations?

— Oui, probablement.

— Pis vous êtes assurés que Bouchard, y'est mort?

26 MARS 2009, EXTRAIT DE L'INTERROGATOIRE DE RAYMOND BOUCHARD AVEC LES POLICIERS DE LA SÛRETÉ DU QUÉBEC, APRÈS SON ARRESTATION

Gallant n'a aucun sentiment. C'est un ostie de malade. Le pire chien sale.

Moi, j'ai jamais utilisé Gallant. Lui, l'écœurant, il m'a utilisé. Il me voyait comme un poisson. Il s'est servi de toutes nous autres. Ostie de sale...

J'avais peur de lui. J'ai jamais commandé un meurtre. Raymond Desfossés m'a jamais demandé de passer quelqu'un.

Mets-moi dans le même pen que lui pis j'aimerais le tuer, Gallant. Je te le promets, mets-moi une heure avec Gallant, tu vas voir...

24 AOÛT 2006, QUARTIER GÉNÉRAL DE LA SÛRETÉ DU QUÉBEC, DISTRICT DE LA CAPITALE-NATIONALE – CHAUDIÈRE-APPALACHES, VILLE DE QUÉBEC

La 11ᵉ victime : Guy Laflamme, 2 août 1994, Beauport

Quelques semaines avant que le meurtre se produise, j'avais rencontré monsieur Raymond Bouchard. Il m'a dit qu'il avait un gros service à me demander. Qu'il voulait faire tuer une personne.

Il m'a donné son nom, c'était Guy Laflamme. Il m'a dit que son partenaire, Jean-Claude Gagné, avait très peur de cette personne-là. Mais je ne peux pas vous dire pour quelle raison.

Alors à ce moment-là, j'ai dit oui, que j'allais lui rendre ce service-là. Raymond Bouchard m'a dit : «On ne peut pas te verser une grosse somme d'argent, on n'en a pas.» Mais il m'a dit : «Le service que tu vas nous rendre, un jour, si t'es mal pris, on fera la même chose et on t'aidera.» C'est resté de même.

Raymond Bouchard est venu me montrer l'endroit où Laflamme restait, chez ses parents, dans le Vieux-Beauport. Mais j'aimais pas tellement ça. Je voulais pas le faire là parce que ses parents seraient présents. Ça les aurait marqués et ça, je voulais absolument pas que ça arrive. Je l'ai dit à Bouchard.

Et je lui ai dit que j'aimerais ça le voir, Guy Laflamme.

Un après-midi, Bouchard m'a fait venir à son garage, Métal Beauport. Il m'a dit que vers telle heure, il allait le faire venir ici. J'étais placé au 2ᵉ étage du commerce, dans un châssis qui donnait accès à la cour où ses vieilles voitures se trouvent. Il dit : « Laflamme est très facile à remarquer, c'est un gars qui bouge beaucoup, qui reste pas en place. » J'ai vu qu'il était assez grand et bâti.

Ensuite, fallait trouver le bon endroit. C'est là que Jean-Claude Gagné m'a dit qu'il pourrait lui fixer un rendez-vous au bar le Bretzel, sur le boulevard Sainte-Anne.

Je me suis préparé. J'avais mon véhicule personnel que j'ai laissé dans une petite rue pas très loin. J'avais un revolver, probablement un .357 ou un .38 qui m'avait été fourni par Raymond Bouchard.

J'avais dit à Jean-Claude Gagné de stationner sa Corvette bleue en face du bar pour m'indiquer que c'était le temps de venir.

Lorsque je suis rentré, les deux étaient au bar. Guy Laflamme était debout, Jean-Claude Gagné était assis pas loin.

Jean-Claude m'a juste regardé un peu, puis il s'est tassé. Guy Laflamme était debout mais dos à moi. Alors là je l'ai tiré. Je crois que j'ai visé la tête. Il était en train de boire. Deux ou trois coups, mais je l'ai bien atteint. En sortant du bar, j'ai laissé mon arme à terre.

Je suis sorti en marchant, comme si rien n'était. J'ai embarqué dans ma voiture et je suis parti. Là, il fallait que j'enlève mon linge. J'ai viré dans un stationnement. Chemise, casquette, espadrilles, mes jeans, j'ai tout enlevé ça et j'ai mis ça dans un sac. J'avais aussi une petite paire de gants noirs, moulants, que tout le monde appelle des petits gants mmmm... magiques parce que ça moule la main parfaitement. J'ai tout enlevé ça et je m'en suis débarrassé.

Quelques jours après, j'ai rencontré Raymond Bouchard et il était fier. Très heureux, avec un sourire. Il m'a raconté un peu ce que Jean-Claude Gagné lui avait dit. Et il m'a dit : « Guy Laflamme a pris son dernier verre. »

Il m'a donné 900 $. Il m'a dit : « Écoute Gérald, c'est pas grand chose mais ça va payer un peu tes frais. Si un jour t'es mal pris, sois sûr à 100 % que moi et Jean-Claude, on va être là. »

12 SEPTEMBRE 2006, QUARTIER GÉNÉRAL DE LA SÛRETÉ DU QUÉBEC, DISTRICT DE LA CAPITALE-NATIONALE – CHAUDIÈRE-APPALACHES, VILLE DE QUÉBEC

La 22ᵉ victime : Yves Lessard, 22 avril 1999, Sainte-Foy

Le contrat m'avait été commandé par Marcel Demers. On était à la Basilique de Sainte-Anne-de-Beaupré.

Il m'avait demandé de tuer Yves L... Lessard. Là, je suis resté surpris. Je l'ai regardé et j'ai dit : « Non ». Il m'a dit : « Qu'est-ce que t'as dit ? » J'ai dit : « Non, c'est-tu assez clair ? C'est non. »

Moi, je pouvais pas prendre cette décision-là. Parce qu'Yves Lessard, c'était un de nos amis. C'était un ami de Raymond Desfossés et de Raymond Bouchard.

J'avais beaucoup entendu parler de sa réputation, à Lessard. Je l'avais vu quelques années avant. Raymond m'avait emmené à sa résidence à Beauport et je l'avais rencontré là.

Il m'avait parlé d'un vol très important. Plusieurs millions de dollars. La maison-mère d'une compagnie de camions blindés dans la ville de Hull. Il m'avait dit qu'il pourrait aller me montrer ça. Quelques jours après, j'étais parti avec lui. Il avait une BMW ou une Mercedes, une grosse voiture de luxe. On a traversé la ville de Hull. Il m'a montré l'endroit en question et m'a dit qu'il avait tous les plans de l'intérieur de cette bâtisse-là.

J'en avais parlé à Gérard Hubert parce qu'il était vraiment un spécialiste des vols à main armée, que ce soit banques ou camions blindés. Mais, par après, Yves Lessard m'a dit que la job avait été cancellée. Lessard arrêtait pas de me dire : « Imagine-toi le pouvoir d'achat qu'on peut avoir avec ça, des millions. » C'est comme ça que je l'ai connu.

J'ai dit non à Demers deux, trois fois. Pas question. J'ai fini par lui dire : « Il faut que je demande l'autorisation à quelqu'un de plus haut, sinon moi je touche pas à ça. »

J'en ai parlé à Raymond Bouchard. Est-ce que ça l'a surpris ? Oui pis non. Finalement, peut-être un mois ou deux plus tard, l'autorisation est venue. C'était oui.

Ça m'a vraiment surpris. La première réaction que j'ai eue, c'est de me dire : « Le prochain, ça va-tu être moi ? ». Parce que Lessard c'était un de nos amis, t'sais...

Alors j'ai rencontré Marcel Demers. Il m'a remis un document à l'effigie de la Sûreté du Québec. Il y avait des photos de presque tous les membres des Hells Angels. Et ça lui a fait plaisir de me montrer Yves Lessard qui était photographié avec le groupe de motards.

Ensuite, j'en ai parlé à Gérard Hubert. J'ai dit : « Toi tu le connais bien. Tu pourrais le piéger. Me l'emmener. » Pas de problème. Il a communiqué avec lui, en lui disant qu'il aimerait ça le voir. Que telle journée, il serait à Québec. Puis, un matin de bonne heure, Gérard l'a rappelé et il lui a donné rendez-vous au centre d'achats Place de la Cité, au restaurant Flash Café.

Quand je l'ai vu arriver dans le stationnement, j'ai rentré par la porte numéro 5. À côté de la porte du Flash Café, il y avait un mur de vitraux carrés, comme dans les années 50. Je m'étais placé là et j'attendais.

Ça a pris vingt minutes environ. Gérard Hubert est sorti du Flash Café. Il m'a vu, il m'a dit : « Il s'en vient. » Puis, il est parti à l'intérieur du centre d'achats.

Yves Lessard a ouvert la porte. Il s'est avancé et il m'a vu. C'est sûr qu'il m'a reconnu. Il a figé.

Puis, il a voulu se sauver vers le mail. Alors j'ai tiré dessus. J'ai entendu un bruit de verre cassé. Il a tombé à terre. Puis, il me semble que j'ai tiré dans sa tête. J'ai jeté l'arme à terre. Je suis sorti bien tranquillement en marchant.

CHAPITRE 16

LE PATCHÉ

5 JUILLET 2006,
POSTE DE POLICE DE GENÈVE

— Vous avez parlé d'un *patché* des Hells Angels, dit l'enquêteur Frenette.

— Oui, répond Gallant, visiblement préoccupé. Je... Je vous parais peut-être ben calme, là. Mais en dedans, ça prend un contrôle extraordinaire.

— Prenez votre temps.

— Extraordinaire. Parce que vous n'êtes pas sans savoir que je vais avoir un ccc... contrat sur ma tête. Un méchant gros contrat.

— Ça fait partie de nos responsabilités.

— Je sais pas où vous allez m'envoyer dans deux, trois, quatre ans. Mais le contrat va encore être là. Je pense que vous me suivez ?

— Je vous suis très bien. Fiez-vous à notre expérience. C'est notre devoir et on va prendre nos responsabilités. Je vous écoute.

5 OCTOBRE 2006, QUARTIER GÉNÉRAL DE LA SÛRETÉ DU QUÉBEC, DISTRICT DE LA CAPITALE-NATIONALE – CHAUDIÈRE-APPALACHES, VILLE DE QUÉBEC

La 13ᵉ victime : Bruno Van Lerberghe, membre en règle des Hells Angels, 17 décembre 1996, Québec

C'était presque au début de la guerre des motards.

J'ai rencontré Marcel Demers, un membre en règle des Rock Machine. C'était le premier contrat que les Rock Machine me donnaient. Un contrat de 20 000 $.

Je lui ai demandé une petite avance de 2000 $ pour voir s'il était vraiment sérieux. Il m'a dit : « Aucun problème. »

Il m'a donné l'adresse de M. Vvv... Vandeberghe [Van Lerberghe] et celle d'un petit bar pas tellement loin de sa résidence. J'avais aucune photo de lui, ni d'indication sur sa voiture.

J'ai guetté sa maison pendant quatre, cinq jours. Je l'ai pas vu. C'était une perte de temps. Alors je me suis rendu au bar où il était supposé être. Je suis resté là peut-être 15, 20 minutes. Je me suis fait regarder par tout le monde. C'était un bar de vendeurs de drogue et moi, je faisais pas partie des habitués. J'étais pas à la bonne place. Je suis parti et je suis pas retourné là.

J'ai revu Marcel Demers. Je lui ai dit que c'était bon à rien. Alors il m'a donné l'adresse d'une brasserie, sur le boulevard Hamel. Et il m'a dit que [Van Lerberghe] aimait ça flasher, montrer qu'il avait son crest des Hells Angels. Alors je suis allé.

J'ai vu un type qui correspondait à lui, au bar. Flasheux, beaucoup de bagues, des chaînes, un gars assez grand. Ça correspondait en tous points à la description que Demers m'avait donnée de lui. Son manteau n'était pas ouvert, alors je pouvais pas voir si y avait un crest ou pas sur son chandail. Mais je pensais que c'était lui. Alors j'ai fait feu sur lui.

Mais j'étais mal placé. Je me suis fait déranger par un client qui était tout près de moi. Heureusement, cette personne-là n'est pas décédée parce que c'était pas la bonne personne. Je l'ai su par les journaux, une journée ou deux après.

J'ai revu Marcel Demers. Il me dit : «C'est pas le bon, c'est pas lui.» J'ai dit que j'avais ouvert le feu parce que j'étais sûr que c'était lui.

Là, il m'a donné deux autres adresses. Une à Charlesbourg dans un petit bar qui s'appelait La Causerie. Monsieur [Van Lerberghe] était supposé être là le soir, entre telle heure et telle heure. Je suis allé quatre, cinq fois. J'avais l'air fou parce que moi je ne prends pas de boisson. La première fois, j'ai pris un Coke. Les autres fois, je prenais une bière mais j'ai pris juste quelques petites gorgées parce que j'aime pas prendre de bière.

Je l'ai jamais vu.

L'autre adresse, c'était un restaurant sur le boulevard Père-Lelièvre. Une grosse bâtisse avec plusieurs petits commerces.

Ça faisait quelques mois que je le cherchais. Et Marcel Demers voulait absolument avoir une patch.

Je l'ai vu, un après-midi, entre 14 h et 15 h. Quand il a enlevé son manteau, il y avait un chandail marqué «Hells Angels» dessus. Je l'ai revu une autre fois, aux mêmes heures. C'était ses habitudes.

Je m'étais préparé un bon chemin de fuite. Quand je suis retourné, j'ai pris ma propre voiture mais j'avais mis une autre plaque d'immatriculation dessus. Je l'ai stationnée dans une petite rue, pas loin. Je suis rentré. Il était là.

Je me suis dirigé vers une banquette. La serveuse est venue. J'ai mangé un spaghetti. Tout en mangeant, j'inspectais les lieux. Y avait quand même beaucoup de monde, même si on était entre 14 h et 15 h. Il fallait que je sois sûr de mon coup.

Je regardais chaque personne. J'ai pas vu personne me regarder.

J'ai pas touché à mon verre, ni à la table avec mes mains. Je faisais juste m'accoter les bras dessus. J'avais mon jacket et probablement deux armes avec moi.

Quand j'ai vu que j'étais prêt, j'ai pris l'ustensile que j'avais utilisé pour manger, je l'ai mis dans une de mes poches. J'ai mis ma petite paire de gants noirs. Des gants magiques qui moulent bien la main. J'avais une casquette que j'avais enfoncée un peu sur ma tête. Je me suis dirigé vers la sortie où monsieur [Van Lerberghe] était assis.

Lorsque je suis arrivé à côté de lui, j'ai fait le tour de gauche à droite avec mes yeux pour voir si tout le monde était bien assis. Pour pas qu'il y en ait qui s'en viennent vers moi. Puis, je l'ai tiré. Plusieurs coups.

J'ai vu que tout le monde se baissait. Alors je suis sorti tranquillement. Je crois que j'ai laissé mon arme dans le portique.

Je me suis tourné juste une fois, pour voir si quelqu'un pouvait me suivre. Il y avait personne. Je me suis rendu à ma voiture. Je suis passé à côté du *Journal de Québec*, j'ai traversé le boulevard Pierre-Bertrand. Jusqu'au centre d'achats Place Fleur de Lys. Là, j'ai enlevé tous mes vêtements, j'ai mis ça dans un sac noir et je les ai jetés.

J'ai revu Marcel Demers quelques jours après. Il était fier. Il m'a serré dans ses bras. Il a dit : « Enfin, une patch ! N'importe quand, si tu veux être membre des Rock Machine, tu peux. N'importe quand, je te donne tes patches. »

Je lui ai dit merci mais j'ai refusé. J'ai pris les 18 000 $ qu'il me devait.

CHAPITRE 17

LE PROFESSIONNEL

26 FÉVRIER 2007,
EXTRAIT DE LA DÉCLARATION DE CLAUDINE AUX
POLICIERS DU PROJET BALADEUR :

Une fois, à la maison mobile, [je l'ai vu avec] une petite arme et je lui ai dit : « Je ne veux plus jamais voir ça ici. » À quelques reprises, j'ai vu Gérald arriver avec un sac noir et descendre dans le sous-sol mais je n'ai aucune idée de ce qu'il y avait dedans.

J'avais remarqué que soit à la radio ou à la télévision, lorsqu'il était question de la guerre des motards, Gérald avait toujours un intérêt marqué. Il montait même le son à l'occasion.

À au moins une reprise, lorsqu'aux nouvelles on parlait d'un meurtre, il m'a dit : « Je sais qui a fait ça. » Moi, je lui disais que je ne voulais pas le savoir.

Il se sentait suivi en auto. Dans les restaurants, il ne s'assoyait jamais devant une fenêtre. Il s'installait pour voir la porte.

Il y a deux semaines, j'ai trouvé un journal de *Photo Police* ou *Allo Police* et il y avait des motards de photographiés et des photos avaient été découpées.

13 OCTOBRE 2006, QUARTIER GÉNÉRAL DE LA SÛRETÉ DU QUÉBEC, DISTRICT DE LA CAPITALE-NATIONALE – CHAUDIÈRE-APPALACHES, VILLE DE QUÉBEC

La 17ᵉ victime : Roland Ruel, 2 avril 1998, Beauport

En partant, mon idée n'était pas d'aller le tuer là.

Mais j'avais quand même amené une arme avec moi.

Marcel Demers, des Rock Machine, m'avait dit que Roland Ruel était de l'autre bord, avec les Hells Angels. On était en pleine guerre des groupes de motards.

Mon but était de le suivre pour savoir à quels endroits ce monsieur-là allait. Je l'ai suivi, en lui donnant du lousse un peu. Il est entré dans un petit restaurant vietnamien. Alors je suis rentré dans le restaurant.

C'était sur l'heure du midi. J'avais une casquette, un jacket court. En rentrant, j'ai remarqué où il était assis. J'ai pas attendu que la serveuse vienne me chercher. Je me suis dirigé vers une table qui était libre près de lui. Je me suis assis.

La serveuse m'a apporté le menu et un verre d'eau.

Je le regardais du coin de l'œil. Il était assis avec quatre ou cinq personnes. Le restaurant commençait à se remplir. Il a reçu un bol de soupe.

Et là, j'ai pris la décision de le faire.

J'ai mis mes mains en-dessous de la table et j'ai enfilé ma petite paire de gants noirs. Puis, j'ai baissé doucement mon zipper pour avoir accès à mon revolver. C'était calme, le monde jasait.
Je me suis levé doucement. J'ai tenu ma main pour ne pas que mon bras bouge. Pour que mon arme reste toujours droit vers lui, parce qu'il y avait des gens assez proches de lui. J'ai tiré deux, trois, quatre coups de feu.
J'ai vu que tout le monde était assis à leur chaise, comme figés. Ça a pris quelques secondes avant qu'ils se baissent. Personne ne s'est levé.
Je suis sorti d'un pas rapide, en jetant mon revolver dans le portique. Rendu à l'extérieur, j'ai marché doucement. Tranquillement. Comme si rien ne s'était passé.

«C'est un gars qui aime ça, tuer», confie Gérard Hubert aux policiers, après son arrestation, le 26 mars 2009.

Le coiffeur de Cap-de-la-Madeleine était le partenaire de prédilection de Gallant, ayant commis huit contrats de meurtre à ses côtés.

Gallant abat même un homme qu'il considère comme un ami, le trafiquant Yves Lessard, en exprimant sa satisfaction, le 22 mars 1999, au centre commercial Place de la Cité, à Sainte-Foy.

«La victime est tombée par terre. Le tueur s'est penché et lui a tiré trois à quatre balles supplémentaires [...] En tirant la victime, il lui a dit: "Tiens, mon ostie"», déclare aux policiers l'un des témoins de ce meurtre.

Le jour où il franchit le cap de la cinquantaine, en mai 2000, Gérald Gallant a déjà commis 24 meurtres de sang-froid. Dont plus de la moitié dans le contexte de la guerre des motards, entre les Hells Angels et les

Rock Machine, qui se disputaient le contrôle du marché de la drogue au Québec.

Il se qualifie lui-même de «professionnel du meurtre», note l'enquêteur Claude St-Cyr.

Gallant passe complètement sous le radar des forces de l'ordre. Depuis 1984, pas moins de 21 portraits-robots du tueur professionnel ont été diffusés publiquement par plusieurs corps policiers dans l'espoir de l'identifier et d'ainsi résoudre bon nombre de meurtres. En vain.

Pourtant, Gallant modifie rarement son apparence avant d'exécuter ses contrats commandés par les Rock Machine ou le gang de l'Ouest. Certains croquis l'illustrent avec une barbe, d'autres avec seulement une moustache.

Il porte une casquette et des vêtements foncés, qu'il jette invariablement après coup dans des conteneurs à déchets de restaurants ou ailleurs.

«Casquette, manteau, jeans, bottes, souliers ou espadrilles, je changeais tout au complet. C'était ma façon de faire à chaque meurtre.»

Il élimine bon nombre de ses victimes sous les yeux de plusieurs témoins, parfois en plein jour, dans des bars, des restaurants, des centres commerciaux.

Comme Yves Vermette, propriétaire du bar Le Palmier, tué le 23 octobre 1999 à Beauport, près de Québec. Lié aux Hells Angels et au trafic de drogue, il est abattu de trois balles à la tête, sous les yeux de sa serveuse.

«Le véhicule d'Yves Vermette était là. C'était un petit station-wagon. Quand j'ai vu ça, je suis allé stationner ma voiture dans une petite rue et je suis revenu à pied vers le bar. Je suis entré et j'ai vu que monsieur Vermette était en train de réparer une table de pool. Je me suis avancé directement dessus et j'ai ouvert le feu. J'ai vu que, dans le bar, il y avait personne sauf la serveuse. J'ai laissé le revolver près de la porte. Je suis sorti tranquillement.»

Il est minutieux, préparé et ne laisse pratiquement rien au hasard. Il consacre plusieurs jours, voire des semaines, à surveiller le domicile de ses victimes ou à les prendre en filature pour connaître leurs allées et venues, avant de déterminer l'endroit le moins risqué où frapper.

«Je l'ai surveillé le soir, relate-t-il au sujet du meurtre de sa 18e victime, Richard Drouin, abattue le 16 juin 1998 à L'Ancienne-Lorette. J'ai vu qu'il arrivait toujours vers les mêmes heures, entre 22 h et 23 h 30. Sa rue était assez proche du boulevard Chauveau et d'une autoroute, alors je me suis dit, c'est là que ça va se faire. C'était tranquille. Dans l'entrée de la maison, il y avait un petit camion stationné. C'était assez haut de terre. Alors je me suis glissé en dessous et je l'ai attendu. Puis comme de raison, ça a pris vingt minutes, le monsieur est arrivé. Lorsqu'il a ouvert sa porte, j'ai sorti de là et j'ai fait feu en sa direction.»

Chaque fois, il établit son chemin de fuite à l'avance, pour échapper aux policiers sans les croiser après ses crimes.

Il est tellement confiant qu'il exécute la plupart de ses contrats en conduisant sa propre voiture. Parfois, il installe une plaque d'immatriculation volée sur celle de son véhicule.

Lorsqu'il attend sa cible dans un restaurant, il prend bien soin de ne pas y laisser ses empreintes digitales ou des traces de son ADN sur place.

Il mange avec ses doigts et ne touche pas à son verre, ni aux assiettes. S'il n'a pas faim, il fait semblant de manger pour éviter que la serveuse ne dirige son attention sur lui.

Comme le 27 janvier 2000, à Montréal, au restaurant Côte Saint-Luc BBQ, où il va abattre sa 24e victime, Israel Meyer Randolph.

Gallant commande du poulet et des frites en attendant que Randolph, un *gambler* qui doit apparemment beaucoup d'argent à un proche du gang de l'Ouest, arrive au restaurant pour un rendez-vous.

« Le monsieur avait rendez-vous à une certaine heure, mais je crois qu'il a dépassé l'heure. Je trouvais que ça prenait du temps. Mon repas était déjà servi. Alors, avec mes mains, je prenais la nourriture et j'en cachais à terre, entre la banquette et le mur. Je voulais pas que la serveuse pense que j'étais pas en train de manger. Je voulais pas qu'elle vienne me déranger. Ou me dire : "Quoi, c'est pas à votre goût?" si mon assiette avait été pleine. »

S'il mange avec des ustensiles, il les apporte dans sa fuite, comme dans le cas du meurtre du membre en règle des Hells Angels, Bruno « Cowboy » Van Lerberghe.

Il enfile toujours ses « petits gants magiques noirs, très élastiques, qui moulent bien la main », avant de faire feu.

Il abandonne toujours l'arme du crime – un revolver de calibre .357 Magnum ou .38 Special et parfois même les deux – sur place avant de filer à l'anglaise.

L'enquêteur St-Cyr note que « pour pouvoir demeurer en vie longtemps », Gallant observe rigoureusement des « consignes » lues dans un livre portant sur la vie d'un tueur à gages de la mafia new-yorkaise.

« J'avais pris l'habitude de me tenir loin de l'ensemble des membres du groupe Desfossés. Je n'allais jamais aux parties, ni à des funérailles ou quelque rencontre que ce soit. Je ne voulais pas être vu. Et en plus, je ne prenais pas de boisson, ni de drogue. »

À ce moment, la seule chose qu'il a toujours refusé de faire, c'est d'exécuter un contrat de meurtre sous les yeux d'un enfant.

Comme le 18 mars 1991, alors qu'il s'apprête à abattre Richard McGurnaghan, propriétaire d'une taverne du quartier Pointe-Saint-Charles, à Montréal.

« Il est rentré avec un jeune enfant. Un petit gars, entre 7 et 10 ans. Quand j'ai vu le jeune enfant, j'ai dit je remets ça. Je reviendrai une autre fois. Il était pas question que je tire devant un jeune enfant. Pas question, moi c'est mes principes. Mais comme je m'apprêtais à partir, le jeune enfant est ressorti par la même porte. Alors je me suis levé, je me suis dirigé vers une boîte téléphonique. J'ai mis ma paire de gants et j'ai fait semblant de composer. Je me suis bien assuré que l'enfant ne revenait pas dans le bar. Quand j'ai vu qu'il revenait pas, je me suis dirigé vers l'homme en question et j'ai fait feu en sa direction. »

Sûr de lui, Gallant confirme les résultats de tests d'habileté passés en détention montrant qu'il avait « une dextérité et une coordination digitales supérieures à la moyenne », en plus d'être « précis, concentré et minutieux ».

Et il met en doute ses résultats aux vieux tests de QI qui, lorsqu'il était plus jeune, laissaient entendre que son potentiel intellectuel était inférieur à la moyenne.

CHAPITRE 18

LE COMMANDO

5 JUILLET 2006,
POSTE DE POLICE DE GENÈVE

— Y'en reste plus gros, avance le délateur.

— Je suis prêt, répond l'enquêteur Frenette.

— On mange-tu ensemble?

— On verra.

— Du poulet, quelque chose.

— Heille, on n'est pas au Kentucky, on est à Genève. Je sais pas s'ils ont ça, ici.

— Parce que le manger de prison, t'sais...

— On verra tantôt.

— Souper ensemble, se connaître un peu plus. Je sais qu'il y a de très bons restaurants...

— Je te comprends. Mais demande-moi pas de sauter d'étapes. Avant, on va voir combien il nous reste d'ouvrage. On n'est pas pressés. Mais on ne peut pas en laisser traîner un. Tu peux pas m'en cacher. Tu le sais, d'ailleurs.

— Moi là, l'argent, je m'en fous. Je demande pas la lune. Je demande de pas sortir dans une boîte.

— J'ai très bien compris, OK? Mais avant, les choses dont tu te rappelles, il faut que tu m'en parles.

— En tout cas, après Claudine, la première chose que je vais te demander à Québec, c'est d'aller prendre une bonne marche dans le bois, OK? Même avec une paire de menottes, j'pense que c'est faisable...

— Des promesses, je t'ai dit que j'en ferais pas.

— Vous pourriez me dire: «Gérald, tiens, en fin de semaine, on s'en va à quelque part, là. On va respirer, ostie.»

— Négocie-moi pas, je te l'ai dit, Gérald. Tu comprends ça.

— Non, je négocie pas. C'est dans ma nature, t'sais, j'sais pas si tu aimes...

— Peut-être que t'es un gars qui a toujours marchandé?

—... la forêt, là. Moi, j'adore la forêt.

GENÈVE, LUNDI 15 MAI 2006

Bonjour chère nièce,

C'est avec tristesse que je viens t'apprendre cette mauvaise nouvelle. Le 5 mai, je me suis fait arrêté par la police à Genève en Suisse. Une semaine plus tard, j'ai passé devand le juge qui a remis la cause dans 3 mois et vu que je suis citoyen canadien, il m'ont refusé un caution sous prétexte que je retournerais au Canada pour fuir la justice suisse. J'ai été accusé d'avoir eu un faux passeport et d'autres faux papiers. L'autre canadien qui étais avec moi a été placé dans une autre prison. J'ai l'intention de plaidé coupable le plus rapidement afin de retourné au Canada. C'est sur que j'en ai pour quelques mois en Suisse.

Je t'écris et j'ai tellement de tristesse dans mon cœur. Toi ma petite nièce que j'aime et que j'avais promis de belles randonnées pedestes dans les montagnes du Saguenay.

J'accepte mal d'être en prison, tu sais combien j'aime les grands espaces, la forêt et plus... Continue à prendre tes marches en pensant qu'oncle Gérald est toujours la. Sois prudente dans tes marches s.v.p. Tout va me manquer.

Envoie moi des photos. Je sais que tu es très forte et que ton oncle va revenir un jour. Ce n'est qu'une question de temps.

Pour le moment je suis 23 heures en cellule et j'ai droit à une heure de marche. J'essaie de gardé un bon moral. Je verse quelques larmes. Je vais passé au travers.

Surtout fais attention à toi, chère nièce [...]. Je vous aimes. Toujours, toujours, OK.

Je t'aime,

oncle Gérald xxxxxxx

Été 2000. Dans une forêt du Nouveau-Brunswick, près du lac Glacier, le tireur se concentre sur sa cible.

Gérald Gallant n'est pas là pour la saison de la chasse. Il a le cœur trop sensible pour tuer du gros gibier.

« Je suis déjà allé à la chasse à l'orignal à quelques reprises. Mais j'aimais pas tellement ça. Je trouvais ça triste de... C'est tellement des belles bêtes. »

Gallant appuie sur la gâchette. Puis, il répète l'exercice avec une autre arme à feu.

Le tonnerre des détonations est assourdissant. Traversés par des projectiles de fort calibre, des arbres se fendent en deux.

Pour pratiquer son tir, lui et quatre de ses comparses ont l'embarras du choix parmi un arsenal d'une centaine de mitraillettes, de carabines automatiques ou semi-automatiques et d'armes de poing de divers calibres. Et « des caisses de balles », il n'a « jamais vu autant d'armes » de toute sa vie.

À ce moment, Gérald Gallant a déjà tué 25 personnes de sang-froid. La plupart de ses meurtres lui ont été commandés par son patron et leader du gang de l'Ouest, Raymond Desfossés, ou par les Rock Machine, alors engagés dans une guerre sanglante avec leurs rivaux, les Hells Angels. Une guerre qui a fait plus de 165 morts en l'espace de neuf ans.

Gérald Gallant pratique son tir en prévision du plus gros contrat de sa vie. La cible n'est nulle autre que le chef des Hells Angels, Maurice « Mom » Boucher.

5 JUILLET 2006, POSTE DE POLICE DE GENÈVE ET 11 SEPTEMBRE 2006, QUARTIER GÉNÉRAL DE LA SÛRETÉ DU QUÉBEC, DISTRICT DE LA CAPITALE-NATIONALE – CHAUDIÈRE-APPALACHES, VILLE DE QUÉBEC

Gérard Hubert m'avait demandé de descendre avec lui au Nouveau-Brunswick pour aller se pratiquer avec beaucoup de sortes d'armes. J'ai dit oui. J'y ai dit: «Je connais ça, moi, mes origines sont du Nouveau-Brunswick. Mon père était chiac.»

Un type est venu nous chercher. Il nous a amenés dans un camp, près d'un lac. C'était un coin très isolé. Raymond Desfossés était là. Avec Carol Daigle, Jean-Yves Duchesneau et un autre qu'on appelait Beatle.

On a fait un petit souper. Raymond a dit: «C'est vrai Gérald, j'ai juste acheté du vin rouge, pis toi je pense que tu prends juste du vin blanc...»

Raymond avait organisé un genre d'entraînement de commando. On est restés trois jours. Il fallait voir si il y avait des armes défectueuses. On se pratiquait sur des troncs d'arbres. Mon doux, les arbres, ça coupait en deux à force de... J'ai pratiqué avec des mitraillettes, avec une carabine .300 Magnum. J'ai eu mal à mon épaule quatre, cinq jours. Moi je préfère rester au revolver.

Dans les semaines suivantes, on a eu une rencontre au centre-ville de Montréal. Moi, je connais pas tellement le centre-ville de Montréal. C'était dans le sous-sol d'un petit centre commercial, où il y a plein de petits restaurants et de boutiques. Le Centre Eaton, je crois.

Il y avait Raymond Desfossés, moi, Gérard Hubert, Carol Daigle et Jean-Yves Duchesneau. Puis là, y'est question de Maurice «Mom» Boucher. Que c'est le temps que ça arrête. Raymond dit : «La guerre là, faut que ça finisse. C'est assez.» Dans la tête de Raymond Desfossés, ce contrat-là mettrait fin à la guerre des motards complètement.

Le montant du contrat était de 250 000 $.

Il avait une adresse d'un petit salon de coiffure sur la rue Sainte-Catherine où Maurice «Mom» Boucher allait presque à chaque semaine pour se faire faire sa petite coupe, avec ses petits pics en l'air. Et celle d'une brasserie où il allait aussi.

Alors je suis rentré une fois dans cette brasserie-là. J'ai mangé. N'étant pas un habitué de cette brasserie-là, je me faisais regarder un peu. «Mom» Boucher n'était pas venu.

Une autre journée, je suis allé au restaurant Valentine, je me suis callé un p'tit lunch. Et j'ai vu traverser Maurice «Mom» Boucher à partir de la brasserie. Il était escorté par deux types assez bien baraqués. Des bons gardes du corps.

Alors je suis sorti du Valentine, pis j'ai passé à environ un pied de Maurice «Mom» Boucher. Puis il m'a même pas regardé. Il s'en allait au petit salon de coiffure...

Gallant n'a pas d'arme de poing sur lui, le jour où il croise sa cible, en pleine rue Sainte-Catherine.

Mais ses complices sont armés jusqu'aux dents, ce 13 septembre 2000. Des véhicules volés les attendent. Hubert et Daigle ont établi d'avance des trajets pour leur fuite, une fois le contrat exécuté. Tout est planifié. Enfin, presque tout.

Ce matin-là, on l'attendait, «Mom» Boucher. Mais ce matin-là, on a cancellé à la dernière minute parce qu'il y a eu la tentative de meurtre sur monsieur Michel Auger, dans le stationnement du *Journal de Montréal*. Sinon, Maurice «Mom» Boucher, y serait...

Ça prend des caves pour faire une affaire de même. Journalistes, politiciens, policiers, tu touches jamais à ça. C'est comme un enfant. Il y a du respect qu'il faut avoir pour eux. Il fait sa job, laisse-le faire sa job. Si «Mom» Boucher l'aime pas, t'sais...

Après ça, il y avait trop de surveillance policière sur Maurice «Mom» Boucher. Et ça brassait à Montréal. C'était l'enfer, t'sais. Alors ça a été cancellé.

Puis, dans les jours d'après, il y a eu des ententes entre les Hells Angels et les Rock Machine.

Tous les problèmes que vous avez eus et que la population a eus, c'est «Mom» Boucher. C'était vraiment une guerre inutile. Commencer à faire tuer des gardiens de prison, là... Ôte-moi ça de la circulation.

Moins d'un mois après que le journaliste Michel Auger ait survécu aux six projectiles d'arme à feu qui l'ont atteint au dos – et que Gérald Gallant ait vu son contrat de meurtre le plus payant tomber à l'eau –, la Cour d'appel du Québec casse les verdicts d'acquittement prononcés en 1998 à l'endroit de Maurice «Mom»

Boucher pour avoir commandé les meurtres des gardiens de prison Diane Lavigne et Pierre Rondeau. Le 5 mai 2002, au terme d'un second procès, le chef des Hells Angels est déclaré coupable de ces deux meurtres prémédités et on le condamne à l'emprisonnement à perpétuité, sans possibilité de libération avant 25 ans.

— Voulez-vous que je continue un peu sur «Mom» Boucher? demande Gallant aux deux enquêteurs.

— Y'a-tu autre chose à ajouter là-dessus? interroge le policier Frenette.

— C'est pas plus intéressant que ça. Il va mourir en dedans de toute façon, laisse alors tomber le tueur à gages, qui a trois ans de plus que le chef des Hells Angels.

CHAPITRE 19

LE CAMÉLÉON

5 JUILLET 2006,
POSTE DE POLICE DE GENÈVE

— Demande-moi pas d'aller à la plage, je vais te dire non. Demande pas d'aller jouer au golf, je vais te dire non. Écoute ben, là, Gérald, je suis pas une agence de voyages! prévient l'enquêteur Frenette, las d'entendre Gallant tenter de se négocier la permission de faire des marches en plein air, une fois qu'il sera extradé au Canada.

— OK. Mais y a tellement de beaux sentiers pédestres en forêt, là. En toute sécurité.

— Gérald...

— Ça fait du bien. Ça remonte, là, là, tu peux pas savoir comment.

— ... c'est du marchandage inutile! Finis de me raconter les meurtres dont tu te rappelles. Ça, c'est ta part.

— Je pense qu'à date, on est pas mal...

— Tu peux pas m'en cacher. T'as décidé de collaborer, c'est ça ta décision.

— Je te cache rien, là.

— Tu vas m'enlever le goût de souper avec toi. Parce que si t'es pour me répéter ça tout le temps, ça sera pas trop intéressant.

— Toi là, tu sais combien d'années je vais avoir en dedans.

— Pantoute.

— Je suis sûr de mon coup.

— C'est pas ma job. Tu marchandes quelque chose comme ça alors que le but premier...

— Non, je marchande pas. Sauf que là, on a des gros noms.

— C'est tous des gros noms.

— Je suis en train de chercher.

— Pas de problème.

— Parce que j'ai comme des flashs. Le cardiologue me disait souvent: «Tu vas avoir des flashs. Ils peuvent rester comme ils peuvent s'en aller...»

— Pis c'est pas nécessairement des choses qu'on tient à avoir en mémoire tout le temps, hein?

— Ouin.

— Prends ton temps.

— J'ai ta parole que tu vas travailler fort pour moi?

— Je te le dis, la seule chose que je fais pas, c'est des promesses puis des menaces.

— Je veux pas faire une vie de misère à l'intérieur. Je veux pas sortir dans une boîte de carton.

— Prochainement, ce sera plus toi, ça va être l'État qui va contrôler ta vie. Fais confiance au système. Je t'écoute.

— D'où tu viens, toi? demande à brûle-pourpoint Gallant au partenaire de l'enquêteur Frenette, le sergent-détective Claude St-Cyr.

— Moi, je suis natif de Charlesbourg.

— Pis vous?

— Cap-Santé, répond l'enquêteur Frenette.

— Ben oui, réveille ostie!

— On est voisins.

— Comment ça se fait qu'on s'était jamais vus?

— Ben, t'as pas passé ta vie à Donnacona. Moi, je suis parti de là jeune, je suis allé étudier au séminaire et, après, j'ai toujours travaillé à l'extérieur. Sinon, c'est sûr que je saurais c'est qui, Gérald Gallant. À Donnacona, je connais plein de monde.

— C'est tout petit... Marcel Demers, je pense qu'il doit sortir de prison bientôt, lui, hein? demande Gallant, en changeant encore de sujet.

— Je le sais pas. Je veux pas te répondre n'importe quoi. Qui établissait le prix? Demers, Bouchard ou vous? lui demande à son tour Frenette.

— Ben, moi j'avais demandé entre 25 000 $ et 50 000 $ par contrat. Mais un moment donné, pendant la guerre des motards, on m'a dit que ça leur coûtait excessivement cher. Qu'il y avait beaucoup d'arrestations de, de...

— De ceux qui rapportent l'argent?

— Oui. Les plus petits, là. Ça leur coûtait cher pour les familles de ces membres-là, les cantines en prison... Puis Demers m'a dit: «Ça nous coûte une fortune en avocats.» Alors, au lieu de me payer au complet, il s'est mis à me payer par tranches de 5000 $ à chaque mois. Demers avait un surnom: «Le Maire». Mais Bouchard et moi, on l'avait baptisé «5-5» à cause de ça...

— OK.

— Demers m'avait dit: «Pour le moment, c'est ça qu'on peut te payer. Mais la promesse que je peux te faire, c'est qu'un jour, tu seras récompensé au centuple.» C'était toujours sous promesse qu'un jour, j'aurais plus de problème d'argent. Que j'aurais plus à me faire de soucis pour ma retraite.

— Ce jour-là est-t-il arrivé?

— Non. Non, parce que je serais probablement pas ici, en Suisse.

— Possiblement.

— Mon intérêt, c'est que ces gars-là tombent.

— C'est pas ta tâche, ça, c'est la tâche de la police.

— C'est mon intérêt, répète le délateur.

4 SEPTEMBRE 2006, QUARTIER GÉNÉRAL DE LA SÛRETÉ DU QUÉBEC, DISTRICT DE LA CAPITALE-NATIONALE – CHAUDIÈRE-APPALACHES, VILLE DE QUÉBEC

La 19ᵉ victime : Paul Cotroni Jr., 24 août 1998, Repentigny

Raymond Bbb... Bouchard était celui qui s'occupait du contrôle de la drogue dans le secteur de Québec pour Raymond Desfossés, un membre influent du gang de l'Ouest. C'est lui qui m'a présenté Marcel Demers, des Rock Machine.

Ce contrat m'avait été offert par Marcel Demers. Je suis plus certain si la rencontre avait eu lieu à la basilique de Sainte-Anne-de-Beaupré ou à la résidence de Raymond Bouchard, à Beauport.

La Basilique de Sainte-Anne-de-Beaupré était un de nos lieux de rencontre. C'est Demers qui avait pensé à ça. Dans la basilique, il y a une chapelle dans le sous-sol. Du côté gauche, il y a un genre de tombeau d'un prêtre. Certaines rencontres étaient là. On se voyait aussi directement sur les bancs de la petite chapelle, vers le fond. Lorsque Marcel avait un contrat, il amenait ça sur un papier, dans un petit sac ou sur lui, et il me remettait ça.

Ensuite, il y a eu des rencontres en haut, où il y a vraiment la basilique. La grosse pièce.

On s'est rencontrés aussi sur le stationnement en face de la basilique, de l'autre bord du boulevard Ste-Anne. Quand c'est la fête de la bonne sainte Anne, il y a beaucoup de campeurs qui campent là. C'est là que Demers m'avait présenté Fred Faucher. À ce moment-là, je voulais pas voir l'autre individu qui était avec lui. Mais un moment donné, j'ai accepté qu'il vienne. C'est là que j'ai su que Fred Faucher était le chef des Rock Machine. Moi j'avais toujours pensé que c'était Marcel Demers.

Cette basilique-là, c'est un lieu saint. Il y a beaucoup de gens qui vont là, qui prennent des photos. C'est quand même un très bel endroit. L'architecture, c'est vraiment de quoi de beau. Puis j'avais remarqué un homme avec une caméra qui filmait. Mais au lieu de filmer la basilique, il filmait en notre direction. Le plus beau à voir n'était pas dans notre direction. J'avais fait remarquer ça à Marcel Demers : «Regarde, je crois qu'il y a quelqu'un qui nous filme.» Je m'étais baissé la tête. Pis là, je lui avais dit : «Je reviens pu icitte.»

J'avais reçu les indications de ce contrat-là sur une feuille de papier. Lorsque j'ai vu le nom, j'ai figé un peu parce qu'en fin de compte, c'est un gros nom.

Le contrat venait des Rock Machine de la ville de Montréal, que Marcel Demers m'a dit.

C'est le fils de Frank Cotroni, un ancien membre très influent de la mafia. Pour la grosse majorité du monde, cette famille-là est très connue.

Moi je connais pas beaucoup le coin où monsieur Cotroni demeurait. C'était à Repentigny, dans un quartier résidentiel.

J'ai été voir Gérard Hubert. Je lui ai expliqué que c'est le fils de Frank Cotroni. Il dit : «C'est pas n'importe qui, ça doit être un

contrat avec beaucoup d'argent.» J'ai dit:
«Non, ils nous offrent 20 000 $ mais avec pro-
messe que, plus tard, on serait très, très bien
récompensés.»

Gérard Hubert connaissait le coin. Monsieur Cotroni restait dans le quartier pas loin
de la salle de quilles. Il avait une voiture
sport, une Corvette.

Comme poste de surveillance, on avait le
stationnement de la salle de quilles. Un après-
midi, on a vu monsieur Cotroni partir avec
sa Corvette, embarquer sur l'autoroute 40
en direction ouest. On a essayé de le suivre
mais il conduisait très, très vite. On l'a perdu.

On est revenus sur nos pas et on s'est remis sur le stationnement de la salle de quilles.
On s'est aperçu qu'il partait toujours vers les
mêmes heures et il revenait le soir entre 9 h
et 11 h.

Quand on s'est bien assurés qu'il y avait
personne qui nous voyait, on est allés sur le
terrain de la dernière maison de la rue, près
de celle de monsieur Paul Cotroni. Il y avait
des petits arbustes, c'était un coin très, très
noir. On s'est placés là vers 9 h, 9 h 30.

Je m'étais complètement étendu à terre.
Gérard Hubert restait en petit bonhomme ou
à genoux, pour rester dans le noir. Ça a pris
un certain temps avant que monsieur Cotroni
se présente.

J'avais soif, j'avais pas amené de gomme,
j'avais pas amené rien. Pour me rafraîchir un
peu, il y avait des feuilles d'arbres ou d'arbustes, puis je m'en mettais plusieurs dans
ma bouche pour avoir un peu de salive.

Monsieur Cotroni s'est présenté avec sa
Corvette. Il s'est stationné dans son entrée.
Gérard Hubert s'est levé un peu. Lorsque mon-
sieur Cotroni a ouvert sa porte de voiture,

il est parti immédiatement après lui. Moi aussi mais j'étais un petit peu ankylosé. Alors Gérard l'a tiré et moi j'ai fait feu aussi. Il est tombé.

CHAPITRE 20

L'ASTUCE

5 JUILLET 2006,
POSTE DE POLICE DE GENÈVE

— C'est vague, laisse tomber Gallant dans la petite salle d'interrogatoire, où on le cuisine depuis plusieurs heures. C'est pour ça que si j'arrive dans un procès pis je dis que c'est vague...

— C'est ton souvenir qui compte, lui répète l'enquêteur Frenette.

— Y'a dû se prendre beaucoup de photos de ça, alors...

— Mais l'important, c'est ton souvenir. Les histoires, il faut que toi, tu me les contes.

— Ça va être beau quand ça va sortir, cette affaire-là...

— Je m'en souviens, moi.

— T'avais enquêté sur ça ?

— Pas à l'époque. Mais j'ai rouvert cette enquête-là parce que j'ai eu une information là-dessus.

— C'était Demers qui m'avait donné ce contrat-là.

— Comment ça se passe ?

— Fallait abattre le propriétaire ou le gérant de l'hôtel, au deuxième. Je suis fatigué...

— On va finir celui-là puis on va prendre un petit break. On l'a commencé, finissons-le.

— Je suis fatigué...

— Finissons ça avant.

— J'ai monté en haut, il était dans le bureau pis je l'ai tiré.

— C'est quoi le nom de la place ?

— C'était un hôtel. Je pense que ça existe plus aujourd'hui.

— Sais-tu le nom du gars ?

— À l'époque, oui. Mais là... Ça fait trop longtemps.

— C'était pour quelle raison ?

— La drogue. Toujours la drogue.

— Y'avait-tu une automobile d'impliquée dans ce meurtre-là?

— C'était mon auto à moi.

— Qu'est-ce que t'avais à l'époque comme auto? T'en rappelles-tu?

— Non, non. Ça fait trop longtemps.

— OK. On va prendre une pause...

18 OCTOBRE 2006, QUARTIER GÉNÉRAL DE LA SÛRETÉ DU QUÉBEC, DISTRICT DE LA CAPITALE-NATIONALE – CHAUDIÈRE-APPALACHES, VILLE DE QUÉBEC

La 14ᵉ victime : Denis Lavallée, 8 avril 1997, Donnacona

Marcel Demers m'avait parlé du propriétaire de l'Hôtel Donnacona. Quand il m'a demandé ça, intérieurement, je suis resté surpris parce que je demeure dans cette ville-là. Mais extérieurement, je l'ai pas fait voir.

Marcel Demers tenait vraiment à ce que cet homme-là se fasse tuer. Il m'a promis 20 000 $. Les raisons ? Avant que la guerre des motards commence, les Rock Machine avaient un certain contrôle sur la drogue dans cet hôtel-là. Un peu avant que la guerre commence, les Rock Machine se sont fait tasser à certains endroits par les Hells Angels, dont à cet hôtel-là. Il m'avait dit que le soir, y avait des meetings à cet hôtel-là avec les Hells Angels.

Sur le coup, ça faisait pas mon affaire du tout parce que je demeure dans cette ville-là. Mais il le savait pas. Je lui avais dit que je venais d'une autre province. Il savait même pas mon nom. Il pensait que je m'appelais Michel. Avoir dit non, il se serait aperçu de quelque chose. Alors j'ai dit : « Donne-moi les informations sur cet hôtel-là, sur quelle rue c'est... » Je le savais, ça faisait plus de vingt ans que je demeurais dans cette ville-là, alors...

Il m'a donné les informations sur un bout de papier, comme d'habitude.

Il m'a dit qu'en bas c'était la section du bar, qui était un point de vente de drogue. Et qu'au 2ᵉ, il y avait des chambres et le bureau de monsieur Lavallée. Il dit : « Tu montes au 2ᵉ, tu tournes à droite, tu retournes du côté gauche et son bureau est juste devant toi. Quand la porte du bureau est ouverte, c'est toujours lui qui est là. Il fait sa comptabilité. »

Vu que j'étais résident de cet endroit-là, c'est sûr que je n'ai pas fait de surveillance quatre ou cinq fois, là, t'sais. Je connaissais le coin. Tout ce que je surveillais, c'était de ne pas me faire reconnaître.

J'étais habillé de couleur foncée, probablement que j'avais une casquette et un cache-cou, comme ceux qui font du ski ou qui prennent des grandes marches face au vent et qui se le remontent pour pas geler du visage. Avant de monter l'escalier, je l'ai remonté un peu pour cacher ma barbe.

Rendu en haut, j'ai suivi les indications de Demers. Effectivement, j'ai vu un homme qui était dans ce petit bureau-là. Je me suis avancé et j'ai tiré dessus. Combien de coups, je m'en souviens pas. Mais plusieurs fois.

Avec moi, j'avais emmené une espadrille. Pas la paire mais juste une. De pointure 11 ou 12. Moi ma pointure c'est 9 ou 10. Parce que vu que je demeurais dans cette ville-là, je voulais brouiller les pistes un peu... Si des fois il y avait eu un policier qui avait eu l'idée d'aller voir Gérald Gallant, parce qu'il vient de cette ville-là... Alors en laissant une espadrille là, ben...

Je l'avais achetée dans un magasin à grande surface. J'allais souvent acheter mon linge de travail dans un de ces magasins-là, Walmart ou Zellers. C'était pour que les policiers croient que le tireur avait perdu une espadrille en s'enfuyant.

Ce détail-là, ça n'a jamais sorti dans les médias. Jamais, jamais, jamais.

Lorsque j'ai tiré sur monsieur Lavallée, j'ai laissé tomber l'espadrille en question dans l'entrée de son bureau.

J'ai vu un homme arriver dans le haut de l'escalier. J'aurais pu le tuer facilement mais j'ai tiré à côté pour lui faire peur, pour qu'il s'en aille. J'ai pensé que ce gars-là était vraiment stupide. En tirant à côté, ben, il s'est sauvé. Je crois qu'il a rentré dans le bar en bas. Moi je suis sorti.

Je me souviens pas si j'ai laissé une arme dans cet hôtel-là. Ordinairement j'ai une très bonne mémoire des endroits où je laisse mes armes. Mais là, vu que j'étais dans ma ville à moi, j'étais excessivement nerveux. J'avais pas aimé ça faire ce travail-là chez moi.

J'ai fait ce travail-là à contre-cœur. C'était mon endroit de résidence. Ça bourdonnait dans ma tête. Je voulais pas le faire mais je l'ai fait pareil.

J'avais un de mes véhicules personnels, un Cavalier bleu. J'avais comme sali ma plaque en arrière. On ne pouvait voir aucune lettre, aucun chiffre.

En partant, je me suis aperçu que j'étais suivi par une voiture. Alors Donnacona, cet après-midi-là, est devenue comme une piste de course. J'ai accéléré pour pas que mon poursuivant me suive de près et sache à quel endroit je m'en allais. Faut-tu être débile. Ce gars-là, j'pense qu'il avait pas conscience qu'il pouvait mettre sa vie en danger. Si ça avait été un autre type que moi, je pense que ce monsieur-là serait peut-être mort aujourd'hui. Mais moi je voulais pas faire d'autre victime.

J'ai clenché. Heureusement, il y avait pratiquement aucune voiture devant moi. Alors ça s'est fait rapidement. J'ai tourné à gauche sur la rue Fiset, j'ai regardé et je voyais qu'il me suivait plus.

Je suis allé chez moi. J'ai rentré ma voiture et j'ai fermé les portes du garage de toile.

J'étais seul cet après-midi-là, mon épouse n'y était pas. Je me suis changé chez moi, j'ai mis ça dans un sac à vidanges noir et je l'ai laissé derrière mon souffleur à neige. C'était pas dans mes habitudes. Jamais je ramenais avec moi le linge que je portais après un meurtre.

Mon épouse est arrivée vers 17 h, 17 h 30. Le soir tard, j'ai mis le linge dans un sac à dos et je suis allé prendre une marche. Je me suis rendu sur un pont, j'ai enlevé le sac de linge et j'ai jeté ça dans la rivière Jacques-Cartier.

Soit à la radio, la télévision ou les journaux, ils disaient que le tueur s'était sauvé dans un Cavalier bleu ou un Buick bleu. Sachant ça, j'ai contacté Raymond Bouchard, qui possède une cour à scrap à Beauport. À ma connaissance, le Cavalier a fini dans une presse...

CHAPITRE 21

L'IMITATEUR

8 SEPTEMBRE 2006, QUARTIER GÉNÉRAL DE LA SÛRETÉ DU QUÉBEC, DISTRICT DE LA CAPITALE-NATIONALE – CHAUDIÈRE-APPALACHES, VILLE DE QUÉBEC

La 25ᵉ victime : Jean-Marc Savard, 1ᵉʳ mars 2000, Charlesbours

Mon intention était de le travailler autrement que les autres contrats que j'avais eus.

J'ai décidé de le faire à la manière des Heee... Hells Angels, qui faisaient brûler les véhicules utilisés après leurs meurtres. Je me suis dit que ça allait mélanger les policiers qui vont être sur l'enquête de ce meurtre-là.

J'avais eu le contrat de Marcel Demers, des Rock Machine. C'était la guerre des motards. J'avais eu une photo et l'adresse de monsieur Savard. Un gars assez grand et baraqué.

Je suis allé près de chez lui à plusieurs reprises mais mon idée était faite. C'est sûr que ça se ferait pas là. J'ai remarqué qu'il y avait des écoles dans le coin. Question de respect. Je suis un peu de la vieille école. Il y'avait des enfants. On sait jamais. Y'en a qui s'en foutent mais moi, je m'en foutais pas.

Il y avait un gymnase où il s'entraînait, aux Galeries Charlesbourg. J'avais demandé ses heures d'entraînement à Marcel Demers mais il savait pas. Normalement, un gars qui s'entraîne, c'est le matin. Un moment donné, je l'ai vu.

Je suis monté voir Gérard Hubert, je lui ai dit que tout était prêt, que c'était sécuritaire. Ça prenait une voiture. J'ai demandé à un ami très proche, monsieur Denis Corriveau. Ça a pas pris tellement de temps. Il dit : «J'ai un ami dans la Beauce, il aime pas sa voiture et il aimerait ben ça que son char s'en aille.» Un bon monsieur. On est allés le voir et je lui ai dit : «Inquiète-toi pas, tu la reverras plus.» C'était un petit Cavalier 4 portes. Mais je vous assure à 100 % qu'il ne savait pas que c'était pour aller commettre un meurtre. S'il avait su, jamais il aurait accepté.

Ce matin-là, de très bonne heure, on est allés quasiment à l'ouverture du centre d'achats parce que j'avais remarqué que monsieur Savard allait s'entraîner dans ces heures-là.

On s'est placés. J'ai dit à Gérard : «Tu vas rentrer et aller où il y a des boîtes téléphoniques. Moi je vais me placer de l'autre côté. Lorsque je vais voir qu'il s'en vient, je vais te faire signe.» J'avais averti Gérard que c'est un gars qui s'entraînait, un gars assez fort. C'est lui qui tirait le premier. J'ai dit : «Approche-toi pas trop près. Si c'est un gars en forme, il peut s'avancer sur toi.»

Dans mon habitude, on avait des revolvers .357 ou .38. Monsieur Savard a rentré. Gérard a tiré dessus. Monsieur Savard s'est tourné, puis il a retiré dessus. Mais en tombant, monsieur Savard a pogné la jambe à Gérard et il la tenait. Je lui avais dit de pas trop s'approcher.

Alors, je me suis avancé et j'ai tiré sur Jean-Marc Savard. Deux ou trois coups. J'osais pas trop viser la tête parce que Gérard était tout près. Il a lâché prise. Alors là, Gérard s'est enlevé et on a sorti du centre d'achats.

Je me souviens d'un détail, il y avait un set de clés à terre. Gérard l'a ramassé en pensant que j'avais perdu mes clés. Mais quand il me l'a montré dans le chemin de fuite, j'ai dit ça m'appartient pas, ça doit être les clés de Savard. Elles ont probablement brûlé dans le char.

J'avais déjà travaillé sur le chemin de fuite. Et j'avais trouvé un petit centre d'achats, Place des Chênes, où on s'occuperait de la voiture volée sans risquer de mettre le feu à des maisons. J'avais amené un grand bâton, un petit bidon de gaz. On baissait les vitres, on mettait du gaz partout. Au bout du bâton, c'était du papier ou une guenille. J'avais mis le feu après et on a fait flamber la voiture.

On s'est enfuis à pied pour rejoindre l'autre rue derrière, où j'avais mis mon New Yorker. On s'est mis en direction du boulevard Hamel. La voiture de Gérard était dans le parking d'un restaurant où les serveuses sont en petite tenue. On s'est changés, on a jeté tout notre linge dans des conteneurs. On est partis.

On a croisé un véhicule de police. Le conducteur nous a regardés beaucoup. Possiblement que sur les ondes, y'avait entendu de quoi. Dans ma tête à moi, j'ai dit : « Mon doux, j'espère que je suis pas tombé sur un petit vite. » Mais non, on s'en allait tranquillement puis il a continué.

Trois semaines après le meurtre de Jean-Marc Savard, les policiers reçoivent des renseignements d'une source de la GRC. Un informateur qui se dit « très près de Raymond Bouchard » prétend que l'auteur de cet assassinat serait un dénommé Gérald Gallant.

La source rapporte que «Gallant aurait présentement des liens avec les Rock Machine et pourrait être impliqué dans les crimes de motards».

«Gallant fait des meurtres et se déguise. Il a fait le meurtre de Savard avec une fille», écrit un enquêteur dans son calepin, en faisant référence aux informations provenant de cette source non identifiée.

Une demande de filature est aussitôt formulée à la Sûreté du Québec pour identifier les véhicules utilisés par Gallant, ainsi que ses relations et leurs adresses.

Le 22 mars 2000, des policiers en civil observent Gallant sortir de chez lui à 13 h 05, sur la rue Benoit, à Donnacona. Il porte une tenue de cycliste et part à vélo.

Trois minutes plus tard, il s'arrête dans un restaurant Tim Hortons où «une femme en vélo vient [le rejoindre]», indique le rapport de surveillance. Les policiers, qui ignorent alors que la cycliste en question se nomme Jacqueline Benoit, suivent le duo pendant près de deux heures, jusqu'à Sainte-Anne-de-la-Pérade, avant d'abandonner l'opération.

Le lendemain, Gallant sera de nouveau suivi à son insu par les policiers, alors qu'il fait des courses en se déplaçant avec son Chrysler New Yorker.

Ces deux journées de filature n'apportent rien de particulier aux yeux des policiers, qui ont déjà trois autres suspects dans leur mire. Des suspects du monde interlope qui auraient des motifs pour éliminer Savard.

Mais surtout, le modus operandi de ce meurtre porte la signature des attentats des Hells Angels, ce qui ne correspond pas du tout à ceux qu'on attribue aux Rock Machine. Même si Savard était connu des policiers comme un trafiquant lié aux Hells, il est possible qu'il ait été victime d'une purge interne. Ils abandonnent alors la filature.

Gallant ne sera plus suivi par la police avant qu'un autre informateur ne le pointe du doigt, quatre ans plus tard.

CHAPITRE 22

LE RÉCALCITRANT (2)

5 JUILLET 2006,
POSTE DE POLICE DE GENÈVE

— Le cœur va me sauter, ostie, crache le tueur à gages, devant l'insistance du policier Frenette.

— C'est stressant, concède ce dernier à son prisonnier.

— C'est sûr que si j'arrête là, en bon québécois, tu m'envoies chier après ça! poursuit Gallant.

— Non, je fais jamais ça parce que ce serait une menace, répond l'enquêteur. Dans le fond, t'as toujours été libre de faire tes choix, on s'entend? C'est toujours toi qui as décidé. Ça va rester de même.

— Sans le vouloir, j'en oublie.

— Mais moi, je te le dis, je te fais pas de cachette, je vais avoir de la misère à comprendre pourquoi tu me contes pas «Le Prince». Je fais quoi, moi, avec ça? Parce que si tu veux pas me le conter, là, j'ai un méchant problème. Depuis qu'on est ensemble, je t'ai parlé d'honnêteté, de vérité, je t'ai expliqué tout ça. Et tout d'un coup, je te parle d'une affaire et oups! Je comprends pas. Je veux comprendre. En plus, c'est une histoire que je connais. Ce que je connais pas dans l'histoire, c'est... Y'est où, le corps?

— Qu'est-ce que tu connais?

— L'histoire, je la connais parce qu'elle m'a été contée par des gens. Mais je sais pas plus où est le corps. L'histoire, c'est pas moi qui vais te la conter. Moi, je t'ai juste dit: «Est-ce que tu peux me dire ce qui est arrivé au "Prince"?» Tu m'as dit: «Il y a quelqu'un à qui ça va faire mal.» Qu'est-ce qui accroche avec «Le Prince»? Faut que tu nous contes comment ça s'est passé.

— Laisse-moi le temps, dit Gallant, obstiné. C'est plate, la vie, hein?

CHAPITRE 23

LA MÉPRISE

— Chaque fois que tu contes un meurtre, tu te trouves plus bandit qu'avant de l'avoir conté. Tu te dis : «Si j'en rajoute dix, je suis mort.» C'est ça ?, demande Frenette.

— Y'en a-tu des plus réticents que moi ?

— J'appelle pas ça réticent. Il y a des gens qui réfléchissent, ils pensent, ils voient ça gros. Ils ont peur, ça les intimide. Sont pas sûrs qu'ils font bien. Je t'ai conté l'histoire du gars qui ne contait pas ce qu'il savait, en pensant que c'était mieux qu'il conte pas ça, puis en bout de ligne, ça lui a pété dans la face. Le plus grand service que je vais te rendre, c'est de faire le ménage dans tes crimes. Le plus grand service que je peux te rendre, c'est qu'on n'en oublie pas. Écoute-moi ben. Des gens qui font qu'il existe des gars comme toi, des gens qui payent pour que des gars comme toi tuent du monde, des gens qui exploitent des gars comme toi, des gens qui font que des gars comme toi se fassent arrêter pour des meurtres... Calvâsse ! Nous, notre mandat, c'est que des gens de même ne restent pas dehors. On est payés pour ça. Pour que des gars qui payent pour faire tuer du monde, des gars qui sont capables de donner des fausses informations à un gars comme toi, pis risquer qu'il y ait des erreurs sur la personne... Que des gens qui n'ont rien à voir là-dedans se fassent tuer, ça n'a pas de bon sens ! Je te l'ai dit, t'es un pion, toi. Tu l'as fait, très mauvaise décision, on s'entend. Mais c'est pas toi qui profites de ça.

— Ce qui m'inquiète, c'est le temps que je vais faire. Quinze ans, c'est trop. Je suis un homme mort avec le cœur que j'ai là. Je demande pas beaucoup. Juste d'avoir une espérance de vie...

Le soir de sa mort, le détective privé Luc Bergeron, 31 ans, alors à l'emploi d'une firme d'investigation située sur la Grande-Allée, à Québec, se rendait au domicile de son ex-conjointe pour aller chercher leur fille de quatre ans.

Depuis quelques mois, il habitait à l'ancienne adresse du Hells Angel Jonathan «Grand Jos» Robert.

IER SEPTEMBRE 2006, QUARTIER GÉNÉRAL DE LA SÛRETÉ DU QUÉBEC, DISTRICT DE LA CAPITALE-NATIONALE – CHAUDIÈRE-APPALACHES, VILLE DE QUÉBEC

La 21ᵉ victime: Luc Bergeron, 7 janvier 1999, Sainte-Foy

Ce contrat-là venait de Marcel Demers, des Rock Machine. Je l'ai rencontré à la Basilique de Sainte-Anne-de-Beaupré. Là, il me remet un papier avec le nom de Jonathan Rrrr... Robert, son adresse et un numéro de plaque. C'était un membre en règle de l'autre club de motards, les Hells Angels. Je pars avec ça.

J'ai trouvé l'adresse en question, sur la côte Gignac. En bas, c'est le boulevard Champlain et en haut, c'est le chemin Saint-Louis. Mais dans cette côte-là, c'est très mal placé pour se stationner et faire de la surveillance.

Je suis monté plus loin, au coin de la côte Gignac et du chemin Saint-Louis. Il y a un mini centre d'achats et je me suis stationné là. J'ai fait cette surveillance-là durant une couple de semaines. J'avais une description de Jonathan Robert mais surtout la plaque d'une petite voiture. J'ai vu la voiture à l'adresse en question et j'ai pensé que c'était bien lui.

Un certain soir, cette automobile-là est passée à côté du stationnement où j'étais. La voiture a tourné du côté gauche, sur le chemin Saint-Louis, en direction ouest. Je l'ai suivie en laissant deux, trois voitures en avant de moi. Il a dépassé les ponts, le viaduc et il a tourné dans une rue, Vautelet.

Ce monsieur-là, Jonathan Robert, en tout cas, moi je pensais que c'est Jonathan Robert, descend. Je l'ai vu mais j'ai continué. Je suis revenu cinq à dix minutes plus tard. Là j'ai cherché la voiture. Dans cette rue-là, il y a des blocs appartements. J'ai regardé dans les stationnements. J'ai fait le tour et j'ai vu sa voiture. Le numéro de plaque était exact. Là, j'ai retourné chez moi.

Quand Marcel Demers m'avait remis les informations, j'y avais demandé des armes, des revolvers. Alors j'ai eu deux revolvers, soit des .357 ou des .38. Ces revolvers-là, je les avais essayés, dans un rang du comté de Portneuf, pour voir s'ils fonctionnaient bien.

Ensuite, je me suis rendu à Trois-Rivières pour voir Gérard Hubert. Quand j'ai eu le contrat, je lui en avais parlé et il m'a dit : « OK quand ça sera prêt, tu me le feras savoir. »

Après les deux semaines de surveillance, je savais que Jonathan Robert se rendait à cette adresse-là. Le soir, au lieu d'attendre au coin Gignac et St-Louis, j'allais l'attendre directement là et, à quelques reprises, l'auto était là.

J'ai pensé qu'il avait une blonde ou une maîtresse là.

J'ai expliqué ça à Gérard Hubert. Je lui ai montré l'endroit. C'était parfait, on se stationnait et on pouvait faire de la surveillance sans problème.

Pour faire ce meurtre-là, c'était avec mon véhicule personnel. Une grosse voiture. Je m'étais volé une plaque, je l'ai placée sur ma plaque avec des gros trombones jumbo pour que ça tienne vraiment bien.

Là on s'en va à l'endroit où j'avais vu la voiture de Jonathan Robert souvent. Hubert s'est assis sur le siège arrière, côté conducteur, juste en arrière de moi.

C'était le soir, il faisait noir, c'était froid. On avait des bons vêtements, des paires de bottes chaudes. Le premier soir, la voiture n'est pas venue. Une journée ou deux après, on est retourné.

Je me suis stationné dans la rue, sur l'autre côté, en face du bloc où Jonathan Robert allait. Parce que souvent, le véhicule en question se stationnait dans la rue au lieu du stationnement et j'ai présumé qu'il allait faire la même chose.

Le véhicule n'était pas en marche, il faisait froid, il fallait gratter un peu dans les vitres pour voir un peu. Puis là j'ai vu une voiture s'en venir. J'ai gratté un peu pour voir, j'ai vu le numéro de plaque. J'ai dit à Gérard Hubert : « C'est lui. »

Quand celui que je pensais qui était Jonathan Robert a ouvert sa porte, moi et Gérard Hubert on est sortis, on s'est dirigés vers lui et il a figé. Dans ma tête à moi, c'est Jonathan Robert, c'est un Hells, il peut être armé, il va certainement faire un move. Mais il a complètement figé. Alors on a tiré dessus. Il a tombé à terre. On a tiré les deux.

J'ai laissé mon arme sur place. C'est mon habitude. Gérard Hubert l'a amenée. On part en direction ouest. On a monté la côte. Rendus pas loin du chemin St-Louis, j'ai remarqué qu'y avait une voiture dans le bas de la côte, en arrière de nous autres. Là j'ai dit à Gérard Hubert : « Je pense qu'on est suivis. » J'ai tourné sur le chemin Saint-Louis du côté droit et, à la première rue, j'ai tourné à gauche. Je ne voyais plus la voiture derrière. Parce que j'avais dit à Gérard : « Si la voiture continue de suivre, je vais arrêter, tu sortiras et tu tireras un coup de feu en l'air ou à côté mais pas sur la voiture, juste pour lui faire peur. » Mais comme la voiture ne m'a pas suivi...

Lors du trajet, j'ai dit à Gérard de jeter son arme. Il l'a jetée dans un banc de neige.

J'avais fait le trajet de fuite souvent. C'était le plus rapide et le plus sécuritaire pour pas rencontrer de voiture de police.

On s'est rendus au petit centre d'achats où la voiture de Gérard Hubert était. On s'est changé. J'ai mis ça dans un sac, Gérard a fait la même chose. On est partis chacun vers l'autoroute 40, direction ouest. Le sac de linge, je l'ai jeté mais je me rappelle plus à quel endroit.

Je sais pas si c'est le soir même, à la télévision, à RDI ou LCN. Aux nouvelles, ils disaient qu'il y avait eu un meurtre. Ils ont mentionné le nom. En disant le nom, y'ont dit que le monsieur était un détective privé.

Là, j'étais tellement surpris quand ils ont dit le nom en question parce qu'ils ont pas nommé Jonathan Robert. Y'ont nommé un monsieur Bergeron...

Ah là, là, là, j'ai dit comment ils ont pu faire l'erreur de me donner cette plaque-là ? J'étais vraiment... je comprenais pas.

Deux ou trois jours après, j'ai rencontré Marcel Demers, à la Basilique Sainte-Anne-de-Beaupré, encore. Alors là, il me dit : « C'est pas Jonathan Robert. » J'ai dit : « C'est le numéro de plaque que tu m'avais donné, c'est l'adresse que tu m'avais donnée, moi j'ai simplement suivi l'automobile qui avait cette plaque-là. Pour moi, c'était Jonathan Robert. L'erreur vient pas de moi, l'erreur vient de toi ou de tes informateurs.»

Il avait pas l'air intéressé à payer le contrat. J'ai dit: «Moi, je l'ai fait, si il y a eu une erreur sur la personne, c'est ta responsabilité.» Finalement, il a sorti 20 000 $ et il me l'a remis. Je lui ai mentionné: «La prochaine fois, essaie d'avoir le bon numéro de plaque. Essaie. Parce que je veux plus jamais que ça arrive. Ce monsieur-là avait pas d'affaire à se faire tuer. Ça c'est un meurtre grr... atuit pis je veux plus que ça arrive...»

CHAPITRE 24

LE DÉCLIC

10 NOVEMBRE 2006, QUARTIER GÉNÉRAL DE LA SÛRETÉ DU QUÉBEC, DISTRICT DE LA CAPITALE-NATIONALE – CHAUDIÈRE-APPALACHES, VILLE DE QUÉBEC

C'était le matin, dans un restaurant de style champêtre. Un endroit chaleureux, familial, où on se sent bien.

Je m'étais placé sur une banquette, en face de la porte. La serveuse est venue. Je lui ai demandé une grosse assiette de fruits. Et un jus ou un café, je me souviens pas.

J'ai pas touché au breuvage, ni aux ustensiles. J'ai même pas touché à la table. Je mangeais mes fruits avec mes doigts. Je prenais mon temps.

Je trouvais que ça prenait du temps avant qu'il arrive. Souvent, 10 minutes peuvent nous en paraître comme 30 quand on est là, à attendre.

Dans la salle, j'ai vu un jeune couple qui occupait une des tables du centre. Ils avaient un petit bébé couché dans un genre de landau. Un siège qu'on peut transporter.

Ça m'a dérangé. Je souhaitais que ce jeune couple-là sorte avant que ça arrive. Pour ne pas que l'enfant soit marqué par cet événement-là. Je le souhaitais très fort.

Mais je ne me souviens pas s'ils sont partis avant...

7 JUILLET 2000, 9 H 50
EXTRAIT DE LA DÉCLARATION DE SYLVAIN F.
AUX ENQUÊTEURS DE LA SECTION
DES HOMICIDES DU SERVICE DE POLICE
DE LA VILLE DE MONTRÉAL (SPVM) :

La 26ᵉ victime : Robert Savard, 7 juillet 2000, Montréal-Nord

— Voulez-vous nous relater les événements, à partir du moment où vous avez remarqué un individu assis au restaurant qui vous semblait un peu bizarre ?

— OK. On est arrivés, on s'est assis à une table, face à la porte. La serveuse m'a demandé de mettre mon bébé sur la table. À ma gauche, le monsieur était là. L'allure mince, les cheveux foncés, ébouriffés. Il avait du linge plutôt foncé, ben anodin. Disons qu'il était habillé assez simple là, t'sais. Comment je pourrais dire ? Décontracté mais style magasin Croteau, tiens.

— La grandeur à peu près ?

— Moi je mettrais 5'8", là.

— L'âge ?

— 32, 33.

— Quel poids approximativement ?

— 130 livres. Pas ben, ben plus que ça. Puis là, on a commandé notre lunch. Et il y a un autre monsieur qui est arrivé pas ben longtemps après. Lui, il est passé devant nous autres. C'était un monsieur plutôt chic, lui.

Puis il est allé rencontrer un de ses amis, encore à ma gauche mais plus loin. Ils se sont serré la main puis il s'est assis là.

— Ensuite?

— Le monsieur à ma gauche, le premier, il avait fini son lunch puis il attendait là. Je sais pas qu'est-ce qu'il brettait là mais il attendait. Il regardait toujours dehors, il fixait pas les gens. Moi ça m'a paru louche.

— Il semblait concentré?

— Oui, y'est pas avec nous autres, vraiment.

— Y'est pas vraiment avec vous autres?

— Exactement. Lui, on dirait qu'il visionne ses affaires. Comme si on n'était pas là pour lui.

— Vous avez pas remarqué la couleur des yeux, j'imagine?

— Le petit, y'avait les yeux foncés.

— OK.

— Là, l'autre est arrivé dans le portique. Plus corpulent. Je l'ai remarqué parce qu'il avait des gants noirs dans les mains. Pis y'a attendu un peu avant de rentrer. Un moment donné, y'est rentré pis là, il se ramasse drette en face de nous autres. En arrière de ma blonde, face à moi. Pis ça a été comme ben vite là. Il a sorti une cagoule, il se l'est mise sur la tête et il a sorti un gun. L'autre en même temps, quasiment synchronisé, il a fait pareil. C'était des revolvers. Pis sont partis en direction du monsieur qui était entré.

— OK.

— Au début, moi j'pense que c'est pour être un hold-up, là. Fait que je suis pas plus... T'sais, je suis nerveux mais... Là, je vois qu'il lève vraiment son arme vers l'autre pis... Ils ont commencé à tirer. Là, moi, j'ai entendu ben des coups de feu pis, euh...

— Qu'est-ce que vous faites pendant les coups de feu ?

— J'ai tassé ma femme. Je tasse mon bébé pis je me mets dessus. Pis je dis au monde de se coucher à terre.

— Vous étiez sur l'adrénaline, j'imagine.

— C'est ça...

26 MARS 2009, DÉCLARATION DE HÉLÈNE BRUNET À DES ENQUÊTEURS DE LA POLICE DU SPVM ET DE LA SQ :

À l'époque, je travaillais comme serveuse au restaurant l'Eggstra depuis un an. Le 7 juillet 2000, je travaillais de 6 h 30 à environ 14 h 30. Je suis arrivée au resto vers 6 h 20 et plusieurs employés étaient déjà là car le resto ouvre à 6 h.

Ce matin-là, j'avais la section sur le bord de l'entrée. Le vendredi, c'est une grosse journée. Aux alentours de 9 h, il y avait une quinzaine de personnes, dont au moins un enfant.

Là, j'ai remarqué un client dans ma section, côté fumeur, adossé au muret qui sépare les sections. Je vais voir cet homme une première fois. Il veut un jus d'orange et une assiette de fruits. Je lui apporte.

Par la suite, lorsque je lui demande si tout est à son goût, il ne me répond pas. Il ne me regarde pas. Je le trouve bizarre. Je ne l'avais jamais vu auparavant. Donc je ne suis pas retournée le voir.

Vers 9 h 15, un client régulier, Normand Descôteaux, est arrivé. Il s'est assis à sa place habituelle, soit dans la section non fumeur, au fond, près de la fenêtre. Il dit attendre quelqu'un. Il commande un café et un jus. J'avise Suzanne que son client est arrivé. Habituellement, c'est elle qui le servait mais finalement, elle ne l'a pas fait.

Environ dix minutes plus tard, Robert « Bob » Savard est arrivé et il est allé rejoindre Descôteaux. Au restaurant, on les connaissait tous les deux. Ils venaient deux, trois fois par semaine. Ils étaient reliés au monde des motards. Savard est arrivé dans son 4 x 4 blanc, une Cadillac Escalade. Je me rends à leur table et je lui demande ce qu'il veut. Il me dit : « Je vais prendre comme lui », en parlant de Normand Descôteaux. Je me rends au comptoir caisse, je prends une tasse et je verse du café pour Savard.

C'est à ce moment que j'entends un client qui entre. Je me dirige vers la table de Descôteaux et de Savard. Je vois l'homme qui entre et qui met des gants en lainage noir. Il a une cagoule sur la tête, qu'il baisse sur son visage. Il prend au niveau de son ventre une arme de poing foncée, avec un canon assez long et une roulette. Il la pointe de ses deux mains vers l'avant.

Là j'entends des détonations et je vois Savard qui tombe la tête sur la table et je vois plein de sang. À ce moment, je ne vois pas qui tire. Ça vient de derrière moi.

Je tente de m'éloigner mais je sens Normand Descôteaux me prendre par les épaules et se cacher derrière moi. Je tente de me sauver mais il me tient fermement et là, je me retrouve entre Descôteaux et l'homme cagoulé. Je vois cet homme faire feu vers moi et je sens une chaleur dans mon bras droit.

Je tombe par terre mais Normand Descôteaux me tient toujours par les épaules et on se retrouve au sol. Je suis encore entre Descôteaux et le tireur. Je le vois faire feu à plusieurs reprises et je sens des douleurs à ma jambe droite. Je crie à Descôteaux de me lâcher.

Par la suite, les coups de feu ont cessé. Je n'ai pas vu les tireurs quitter, ni combien ils étaient.

Après, je me suis dégagée de Normand Descôteaux. Je l'ai entendu dire que ça faisait mal. J'ai vu des gens à l'autre bout du restaurant, certains cachés sous la table. Là j'ai entendu le gérant, qui m'a tirée jusque dans l'autre section et les ambulanciers sont arrivés.

L'homme cagoulé me semblait assez grand. Cheveux pâles. Il portait des souliers noirs, un jean bleu, un manteau foncé.

C'est difficile de dire la taille de l'individu que je trouvais louche parce qu'il était assis. Il parle français. Il a les cheveux foncés, la barbe pas faite. Les cheveux mi-longs, qui me semblaient pas propres. Il portait des jeans et une chemise à carreaux, je crois.

10 NOVEMBRE 2006, QUARTIER GÉNÉRAL DE LA SÛRETÉ DU QUÉBEC, DISTRICT DE LA CAPITALE-NATIONALE – CHAUDIÈRE-APPALACHES, VILLE DE QUÉBEC

Il y a eu un déclic qui s'est fait en moi. Gérald Gallant n'était plus à son aise parce que mademoiselle Brunet avait été blessée. Gérald Gallant avait changé.

C'est un contrat qui nous avait été donné à moi et Gérard Hubert par Raymond Desfossés. Il nous avait dit que «Bob» Savard [un prêteur usuraire considéré par la police comme le bras droit du chef des Hells Angels, Maurice «Mom» Boucher] allait déjeuner dans ce restaurant.

Notre plan de match était que moi, je rentrerais dans le restaurant et Gérard Hubert, qui l'avait déjà vu, l'attendrait dans le stationnement. À la minute où monsieur Savard arriverait, Gérard le suivrait. Ça allait m'indiquer que c'était lui.

J'ai vu un homme rentrer. J'ai regardé si Gérard s'en venait. Il s'en venait pas. Il a passé à côté de moi et est allé s'asseoir derrière moi. Ensuite, je vois un camion de luxe, un Cadillac. C'était la 1ère fois que je voyais un Cadillac style camion. Il était de couleur pâle. Ce monsieur-là a rentré puis a passé à côté de moi et s'est dirigé derrière moi, pour aller rejoindre l'autre monsieur. Là j'ai vu Gérard Hubert qui entre dans le portique.

256

J'avais eu le temps de mettre ma petite paire de gants noirs en dessous de la table, sans que personne ne me voie.

Gérard a baissé sa cagoule. Moi je portais une casquette. Je me suis levé, j'ai sorti mon arme et je me suis en allé en direction de «Bob» Savard, le dernier homme qui était entré. Je me suis dirigé vers lui, j'ai fait feu sur lui. J'ai visé sa tête. Un ou deux coups. Il a tombé. Y'a pas eu aucune réaction, y'a rien vu venir. L'autre par exemple, il a vu venir de quoi...

J'ai voulu viser l'autre homme [Normand Descôteaux] parce que Raymond Desfossés nous avait dit: «Si "Bob" Savard rencontre quelqu'un là, c'est parce que ça doit être un personnage important. Alors c'est payé en double.»

Ce que je me souviens, c'est que la serveuse devait pas être très loin parce que l'homme en question l'a saisie et il s'est reculé vers le mur où il y avait des châssis puis il se cachait. Il s'en est servi comme bouclier.

Alors là Gérard Hubert s'est dirigé vers cet homme-là, il y a eu des coups de feu. Il essayait de pas atteindre mademoiselle Brunet. Moi j'ai fait la même chose. Mais malheureusement, cette dame-là a été blessée. Malheureusement.

Je me souviens que j'y ai dit: «Crisse de lâche!» Ça criait un peu partout. Je sais que la serveuse devait crier aussi. Ça s'est fait tellement... C'est des secondes, pas des minutes.

En partant, j'ai vu Gérard redonner un autre coup de feu vers Robert «Bob» Savard. On est sorti du restaurant, on est embarqués dans notre véhicule volé et on a pris notre chemin de fuite.

J'ai dit à Gérard Hubert : «J'espère que la serveuse n'a pas été blessée.» Mais dans ce groupe là, faut pas montrer de compassion, dire je regrette là... Surtout dans le gang de Desfossés. Si tu montres de la compassion, si tu montres un centième de pitié, tu peux te faire tuer. J'ai lâché cette phrase-là de même mais je l'ai jamais répétée après. Même si j'avais confiance en Gérard Hubert, lui avoir dit ce que je ressentais, je me serais probablement fait abattre. C'était un signe de faiblesse et Raymond Desfossés n'acceptait aucun signe de faiblesse. On connaît son monde au fil des ans.

Je sais pas si mademoiselle Brunet va voir ce vidéo-là un jour. Mais j'ai beaucoup de regrets qu'elle ait été blessée. Et je m'en excuse profondément. J'ai pas voulu...

J'ai été très affecté de ce qui est arrivé là mais je l'ai jamais fait voir devant mes partenaires. Si j'avais montré un signe de faiblesse, j'étais un homme mort. Mais ça m'a très affecté. Je sais que j'ai causé beaucoup de problèmes physiques et, surtout, moral à cette demoiselle-là et je tiens à m'excuser. C'était pas voulu, vraiment pas voulu.

J'aimerais ajouter qu'après cet événement-là, je sais qu'il y a eu d'autres événements après, mais Gérald Gallant avait changé. J'étais mal. J'étais vraiment mal.

CHAPITRE 25

LA BOUTEILLE DE BIÈRE

Malgré ce «déclic», Gérald Gallant accepte un nouveau contrat de meurtre, dix mois plus tard. Une commande du «Boss» Raymond Desfossés, qu'il exécute aux côtés de son partenaire Gérard Hubert, à Sainte-Adèle, dans les Laurentides.

La cible se nomme Claude Faber, un ancien collaborateur du clan Desfossés qui se serait rangé du côté des Hells Angels, apprend alors Gallant de son patron. De plus, Desfossés prétend que Faber lui doit 250 000 $ depuis plusieurs années.

Mais Gallant n'est «plus à l'aise». Il a «changé» depuis le fiasco qui a marqué son contrat de meurtre précédent.

Et il commet deux graves erreurs.

Il se trompe de cible et fait deux innocentes victimes: le gérant du bar La Cachette, Yvon Daigneault, succombe à ses blessures, tandis qu'un client, Michel Paquette, est grièvement blessé. Pourtant, Gallant avait juré que cela n'arriverait plus. De plus, avant d'appuyer sur la détente de son arme, il se montre imprudent en faisant mine de boire une bouteille de bière, sur laquelle il laisse sa salive. Lui qui n'aime même pas la bière.

30 MAI 2001, DÉCLARATION DE MARIE [...], SERVEUSE AU BAR LA CACHETTE, AUX POLICIERS DE SAINTE-ADÈLE :

C'était dans l'après-midi. Il y a un gars qui entre par la porte avant. Pas gros, normal, une quarantaine d'années, petites lunettes rondes, moustache, gilet de laine foncé. Cheveux courts, brun roux.

Il s'avance au bar et me demande où sont les toilettes. Il va aux toilettes. Pas longtemps. Deux minutes environ. Il sort, il revient au bar. Il regardait partout dans le bar. Je lui ai demandé s'il voulait quelque chose. Il m'a répondu une [Labbat] 50.

Je lui ai servi une bière Labatt 50 et un verre. Il a tassé le verre de sa main. Il est resté debout au bar, près de l'entrée. Il a payé avec un billet de 5 $, il a pris la monnaie et m'a donné 1 $ de pourboire.

Tout à coup, j'ai entendu ouvrir la porte arrière et un gars est entré avec une cagoule genre passe-montagne de couleur noir. Et un *gun* dans la main droite [...] Il a fait feu. J'ai vu une flamme au bout du *gun*. Je me suis immédiatement allongée par terre en derrière du bar. J'ai entendu six, sept coups de feu. Ensuite, j'ai entendu [une cliente] pleurer et dire : « Ah non, ah non... »

262

28 AOÛT 2006, QUARTIER GÉNÉRAL DE LA SÛRETÉ DU QUÉBEC, DISTRICT DE LA CAPITALE-NATIONALE – CHAUDIÈRE-APPALACHES, VILLE DE QUÉBEC

La 27ᵉ victime de meurtre, Yvon Daigneault, et la tentative de meurtre sur Michel Paquette, 30 mai 2001, Sainte-Adèle

Ç'a été une err... errreur sur la personne. L'informateur de Raymond Desfossés a mal fait son travail. Le camion de la victime était semblable à celui du gars qu'il m'avait demandé de tuer mais c'était pas la bonne plaque d'immatriculation.

Monsieur Desfossés avait donné à Gérard Hubert un numéro de plaque, une sorte de véhicule 4 x 4 noir ou vert forêt. On avait deux bars où ce monsieur-là allait. Le bar le Chantadelle et un autre, dans une côte, La Cachette. On vérifiait ces deux bars-là.

J'ai laissé mon Chrysler dans le centre-ville, dans un stationnement, j'ai embarqué avec Hubert. On s'est rendus à Sainte-Adèle. Rendus là, nous avons regardé au bar Chantadelle mais le camion en question n'était pas là.

Ensuite, on est montés dans la rue de l'autre bar. C'est là qu'on a vu le 4 x 4 de couleur noir, stationné directement en face du bar. Moi j'ai débarqué avec le .357 que j'avais dans ma ceinture. J'avais du linge foncé, un jacket foncé, une casquette aussi.

Nous nous étions entendus. J'avais dit à Gérard Hubert que j'allais rentrer dans le bar pour repérer la personne. Lui, il devait rentrer dix minutes après, pour me laisser du temps. Il devait se stationner derrière le bar, prêt pour prendre la fuite, l'auto en marche.

Je suis rentré, j'ai regardé dans le bar, je me suis rendu familier un peu avec les lieux. Je suis allé à la salle de bain aussi.

Je me suis assis au bar, j'ai callé une bière. Puis j'ai repéré l'homme en question qui était dans le coin des machines à poker. Il correspondait à la description que j'avais.

J'ai attendu au bar. J'avais une bière devant moi. Je l'ai pris d'une façon pour pas que mes mains touchent au verre. Je l'ai mis à ma bouche. Je l'ai effleuré avec mes lèvres. Pour faire semblant de boire. Parce que les personnes me regardaient un petit peu...

J'avais des petits gants noirs mais j'en ai mis juste un, dans ma main droite. J'ai vu la porte arrière s'ouvrir.

J'ai vu Gérard rentrer. Il avait une cagoule noire. Je me suis levé, j'ai fait feu en direction du type en question. Je me suis tourné un peu pour voir où était Gérard. Il était comme perdu un peu. Il a soulevé son bras en regardant où je faisais feu, il l'a rebaissé et il a fait feu dans la même direction.

Il y avait deux ou trois personnes et la femme qui m'avait servi. Il y avait un autre gars aussi. Soit qu'il a voulu s'interposer, soit qu'il a voulu se sauver. On a tiré dessus aussi.

On est ressorti par la porte arrière. En sortant, Hubert a échappé sa casquette, il s'est penché et l'a ramassé. J'ai embarqué sur le siège arrière puis je me suis étendu. C'est lui qui conduisait. On est parti tranquillement en direction de la route qui se rend à Saint-Sauveur. À une vitesse normale, on suivait les autres voitures.

Je suis remonté à Trois-Rivières une journée ou deux après, pour aller chercher ma part de l'argent chez Gérard Hubert.

Raymond Desfossés était arrivé avec un sac brun contenant 25 000 $, séparé en deux parts. C'est là qu'il nous a dit qu'on n'avait pas tiré sur la bonne personne. Mais que vu que l'erreur venait de son informateur qui lui avait donné un mauvais numéro de plaque, que le 25 000 $ nous serait versé pareil.

Raymond Desfossés m'a dit : « Une erreur de même, ça se reproduira plus. »

CHAPITRE 26

LA TASSE DE CAFÉ

À l'été 2004, un homme se présente au quartier général de la Sûreté du Québec, à Québec. Il demande à parler à des enquêteurs. Il informe le sergent-détective Jean-François Brochu et ses collègues que «Gérald Gallant est le tueur des Rock Machine».

La source des policiers – dont l'identité a été préservée – se montre suffisamment convaincante pour que la SQ décide de reprendre Gallant en filature.

La bouteille de Labatt 50 de l'un des deux tireurs lors du meurtre d'Yvon Daigneault avait été saisie et préservée de façon à y prélever des échantillons de salive sur le goulot.

Pour vérifier si Gallant était bel et bien l'un des tireurs et pouvoir procéder à des analyses comparatives avec l'ADN laissé sur la bouteille de bière, il fallait confisquer un autre objet sur lequel le tueur à gages avait posé ses lèvres.

Gallant se montre toutefois sur ses gardes, même s'il ignore que les policiers le surveillent.

Par exemple, le 30 juillet 2004, vers midi, les policiers observent Gallant quitter un restaurant A&W, à Cap-de-la-Madeleine, lorsqu'ils le voient sortir en apportant avec lui la tasse dont il s'était servi.

Le 3 août suivant, Gallant se trouve avec une femme non identifiée dans un restaurant A.L. Van Houtte, à Trois-Rivières. On l'observe en train de boire une tasse de café et de manger, tout en discutant. Les policiers croient bien que ce sera leur journée de chance.

Mais la femme qui accompagne leur cible sera vue, à deux reprises, en train de boire dans la tasse de café de Gallant, pendant que ce dernier est parti aux toilettes. Les policiers les verront ensuite s'embrasser «fortement sur la bouche, pendant quelques secondes» avant de quitter les lieux.

Les policiers saisissent la tasse de Gallant et l'envoient au Laboratoire de sciences judiciaires et de médecine légale du Québec pour analyses. Toutefois, comme on le craignait, les résultats ne seront pas concluants. On y détecte « une combinaison de profils génétiques qui proviendrait d'au moins deux individus ».

Ce n'est pas suffisant pour épingler le tueur.

En tout, Gérald Gallant sera pris en filature à une cinquantaine de reprises sur une période de près de deux ans. On le verra au volant de trois voitures différentes : sa Chrysler New Yorker, une Chrysler 300 M d'une valeur de 45 000 $ qu'il s'était achetée quelques années plus tôt, ainsi qu'une Mazda 3 flambant neuve.

Ses poursuivants le traqueront pendant qu'il fait son épicerie, s'achète des billets de loterie au dépanneur, magasine dans un centre commercial, se rend à la Caisse populaire, au garage, dans un salon de bronzage. Sans succès.

Mais cette fois, ils n'abandonnent pas. Ils mettront finalement la main sur l'élément de preuve tant recherché au printemps 2005.

Nom projet : Baladeur
Date : 2005/04/13
Conditions météorologiques : Nuageux, 1 degré C, chaussée sèche
Personne cible : Gallant, Gérald
DDN : 1950/05/05

Enquêteur au dossier : Girard, Steve

Section surveillance

Rapport chronologique des observations individuelles (notes personnelles)

7 h 40 : Une vérification est faite au [...], Benoît, à Donnacona, adresse connue de Gérald Gallant. Le Chrysler New Yorker noir immatriculé [...] habituellement utilisé par Gérald Gallant se trouve face à l'adresse. Un Chrysler 300 M noir est stationné à reculons dans l'entrée de l'adresse. Des positions sont prises aux alentours du [...] Benoît à Donnacona.

8h20: Gérald Gallant, connu de surveillance anté-rieure, sort du garage de toile, avec un vélo. Il est vêtu de foncé. Il enfourche son vélo et est mobile Ouest à partir du [...] Benoît à Donnacona.

8h29: Gérald Gallant envoie la main à un H.I. (1) qui vient le rejoindre à vélo, dans le stationnement du restaurant Normandin de la route 138, à Donnacona. Gallant et le H.I. (1) sont aussitôt mobiles Ouest sur la route 138.

10h16: Gérald Gallant et le H.I. (1) s'immobilisent face au restaurant Subway du 271, rue Sainte-Anne à Sainte-Anne-de-la-Pérade, descendent de leur vélo et entrent au restaurant Subway.

10h40: À l'intérieur du restaurant Subway [...] Gallant et le H.I. (1) sont attablés est consomment un café chacun. Gérald Gallant manipule sa tasse avec sa main droite.

11h10: H.I. (1) ramasse son couteau qu'il dépose dans sa tasse de café et va la porter au comptoir de service puis il va remplir sa bouteille d'eau.

11h11: Gérald Gallant ramasse sa tasse de café et un couteau qu'il dépose dans son cabaret. Il se lève et va à la poubelle située près de la porte d'entrée. Il vide les déchets dans la poubelle, dépose le cabaret sur le dessus [de la poubelle] et dépose sa tasse de café dans le cabaret. Il s'habille et va remplir sa bouteille d'eau.

11h13: Gérald Gallant et H.I. (1) sortent du restaurant Subway, enfourchent leur vélo et partent sur la route 138 Est vers Sainte-Anne-de-la-Pérade.

N.B. la tasse de café de Gérald Gallant a été gardée en surveillance continue jusqu'au moment de la saisie.

11h15 : À la demande des enquêteurs, je saisis la tasse de café laissée par Gérald Gallant.

11h17 : Je rencontre l'enquêteur Bertrand Bérubé [...] et lui remet la tasse de café utilisée par Gérald Gallant.

12h58 : Gérald Gallant arrive dans l'entrée du [...], Benoît à Donnacona. Il est en vélo et est perdu de vue lorsqu'il entre dans le garage de toile. [...]

Enquêteurs : Jean-François Brochu / Bertrand Bérubé

Rédigé par l'agent Alain Gravel.

Un an plus tard, le 25 avril 2006, les policiers n'ont pas encore reçu les résultats des analyses comparatives d'ADN de la bouteille de Labatt 50 et de la tasse de café du Subway.

Mais ils surveillent toujours Gallant lorsque ce dernier monte à bord d'un autobus du transporteur Orléans, au terminus de Sainte-Foy, en milieu d'après-midi.

Le tueur à gages descend au terminus de Montréal à 18h01, à l'intersection des rues Berri et Maisonneuve avec une valise noire à roulettes. Il prend un taxi de marque Toyota Camry, de couleur vert foncé. Il descend à l'angle des avenues Mont-Royal Est et Bourbonnière. Puis, il entre dans un appartement à 18h15.

Lui et un dénommé Daniel Forté en ressortent à 18h28. Ils se rendent à pied au restaurant Moe's, rue Sherbrooke Est. Attablés, ils discutent de voitures et d'entretien printanier à la maison. Un policier en civil est aussi à l'intérieur et il tente d'écouter leur conversation. Mais il déplore que « la musique est trop forte à l'intérieur du restaurant pour en entendre plus ».

À 19 h 25, Gallant et Forté quittent le resto et retournent à l'adresse d'où ils étaient sortis, sur l'avenue Bourbonnière. À 20 h 04, ils ressortent avec des valises qu'ils déposent dans le coffre arrière d'une Honda Accord noire venue les cueillir.

À 20 h 35, ils partent en voiture et se dirigent vers l'aéroport Dorval. Ils se dirigent vers le comptoir d'Air France. Ils s'enregistrent pour prendre le vol no 349 en direction de Paris, dont le départ est prévu à 22 h 50. Et ils disparaissent. La filature est terminée.

Le 2 juin 2006, l'enquêteur Steve Girard, de la Sûreté du Québec, reçoit finalement une lettre du Laboratoire de sciences judiciaires et de médecine légale du Québec, à Montréal, lui annonçant les résultats d'analyses espérés.

Contrairement à la première tasse confisquée, le spécialiste en biologie judiciaire Jean Bergeron l'informe qu'il a identifié le profil génétique «unique» d'un homme à partir de la tasse à café saisie le 13 avril 2005, au Subway de Sainte-Anne-de-la-Pérade.

Encore mieux, «une concordance a été observée entre le profil génétique identifié» sur cette tasse «et un profil génétique observé sur une bouteille de bière» saisie le jour du meurtre d'Yvon Daigneault, à Sainte-Adèle, le 30 mai 2001.

La SQ a enfin une preuve «béton» afin d'obtenir l'émission d'un mandat d'arrestation contre Gérald Gallant.

Les policiers savent que ce dernier est parti en Suisse il y a cinq semaines. Mais le présumé assassin y est déjà sous bonne garde, en prison, depuis le jour de son 56e anniversaire de naissance. Ne reste plus qu'à aller lui tirer les vers du nez.

CHAPITRE 27

LE « PRINCE »

5 JUILLET 2006,
POSTE DE POLICE DE GENÈVE

— Le ménage est pas mal avancé. Y'en a-tu d'autres avant lui ? demande l'enquêteur Frenette, au bout de plusieurs heures de huis clos dans la petite salle d'interrogatoire aux murs blancs.

— Y'est pas mal fait, le ménage, répond le délateur, résigné.

— On est rendus là. Parfait. Comment t'as su que « Le Prince » avait un contrat sur toi ?

— Jean-Claude Gagné me l'a dit. C'est son oncle.

— L'oncle du « Prince » ?

— Oui. Jean-Claude Gagné lui a tendu un piège en l'amenant à la cour à scrap, chez Métal Beauport. C'était son commerce, à lui et à Raymond Bouchard. Moi, je l'attendais là. Il l'a amené, puis je l'ai tiré. Il m'a aidé à le mettre dans un coffre de voiture.

— Vous alliez où avec ?

— Ça m'a traumatisé...

— C'est important que tu me le dises.

— As-tu des petits-enfants ?

— Oui. Ah non, non, tu vas pas recommencer avec ça. Pas encore...

— Ma belle-fille, que je considère comme ma fille, elle a deux petites poupounes. Tu me suis-tu ? Je veux les voir dehors, un jour.

— T'es fait pour changer de métier.

— Sais-tu comment je me sens ? Un salaud. Quand ça va se savoir, ça... Le délateur... C'est sûr qu'ils vont dire : « Ce gars-là, faut plus jamais qu'il sorte. »

— Il est rien resté ?

— Non.

Il ne reste aucune trace, ni aucune preuve du meurtre du trafiquant Christian «Le Prince» Duchaîne, hormis la confession de son assassin. Les restes de la victime ne seront jamais retrouvés.

Gérald Gallant ne se serait jamais souvenu de la date de cette véritable boucherie – son dernier assassinat – s'il n'avait pas écrit les mots « Mission accomplie » en référence à ce meurtre horrible, dans son journal de vélo, le 12 mars 2003.

31 AOÛT 2006, QUARTIER GÉNÉRAL DE LA SÛRETÉ DU QUÉBEC, DISTRICT DE LA CAPITALE-NATIONALE – CHAUDIÈRE-APPALACHES, VILLE DE QUÉBEC

La 28ᵉ et dernière victime, Christian Duchaîne, 12 mars 2003, Québec

Plusieurs mois avant que ça se produise, Raymond Bouchard n'arrêtait pas de me dire que Christian Duchaîne voulait me tuer.

Il insistait beaucoup. À chaque fois que je le voyais, il amenait toujours ça dans nos conversations, que Christian Duchaîne voulait me tuer. Il avait un surnom: «Le Prince».

Se faire dire ça pendant plusieurs mois, ça vient très fatigant. Il me disait à chaque conversation de faire attention, de faire attention. Je lui ai dit souvent: «Je suis le gars le plus facile à tuer. Je fais du vélo. L'hiver, je prends des grandes marches sur la 138, dix, quinze kilomètres. Alors pourquoi ils viennent pas dans mon coin si vraiment ils veulent mmm... me tuer?»

À force de se le faire dire, on vient sur les nerfs un peu. On vient nerveux. Il me le rentrait dans la tête. Alors durant l'hiver, soit février ou mars, je me suis décidé. J'ai dit: «OK, je vais le faire avant qu'il vienne me tuer.» J'étais plus capable de vivre de même.

J'ai eu des rencontres avec Raymond Bouchard et avec son associé, Jean-Claude Gagné. J'ai dit: «On va le faire à la cour à *scrap*.»

Mais Bouchard, ça lui tentait pas ben ben.
Moi j'ai dit: «La plus belle place, c'est là.»
Bouchard a dit: «Oui mais les coups de feu, ça
peut s'entendre du boulevard.» J'ai dit: «Non,
ça va se faire à l'intérieur et ça s'entendra
pas.»

Alors là, Raymond Bouchard est parti une
semaine en vacances dans un pays chaud.

Ensuite, j'en ai parlé à... Excusez-moi,
ça... ça me touche beaucoup. J'en ai parlé à
un de mes grands amis, Denis Corriveau.

Je lui ai dit que Bouchard arrêtait pas de
me dire que Christian Duchaîne voulait me
tuer. J'ai dit: «Là, je pense que ma vie est en
danger.» Cet ami-là m'a dit: «Écoute Gérald,
emmène-le icitte pis on va s'en débarrasser.»

Ça m'a surpris un peu qu'il me propose ça
mais en fin de compte, j'ai accepté.

Cet ami-là avait trouvé une sorte de gros
baril. Il a fait un genre de poêle avec. Sur le
dessus, il a fait un trou pour mettre une sorte
de cheminée ronde. Dans l'ouverture, il avait
soudé une petite porte. Sur un de ses murs
de garage, il avait fait un trou pour que la
cheminée sorte à l'extérieur. Ensuite, il avait
trouvé un gros bac en plastique pour mettre
le corps dedans, lorsque ça serait le temps de
le préparer pour le faire brûler. Ensuite, l'ami
en question avait loué une grosse bonbonne
de gaz propane, comme on retrouve derrière
certains restaurants. Il avait acheté des
câbles pour fixer ça.

Il avait acheté un gros chalumeau pour
que le feu sorte avec une bonne pression.
Quand tout a été acheté, j'ai dit que j'allais le
faire.

J'ai dit à Jean-Claude Gagné que tout était
prêt. J'avais loué une voiture sur le boulevard
Hamel, pas loin du Québec Inn, en face du

restaurant Sonia. C'était une Hyundai Sonata de couleur blanche, modèle récent.

Jean-Claude Gagné me disait que souvent, le soir, il venait fumer du hasch ou prendre une ligne de coke avec Christian Duchaîne, dans le garage, à la cour à scrap. J'ai dit : « Il faut le faire quand il rentre. » On a mis un tapis à terre, pour que le sang tombe dessus. Jean-Claude voulait pas qu'il y ait du sang sur le plancher en ciment.

Dans le petit bureau, quand ils se droguaient, ils faisaient jouer de la musique. Apparemment ça va ensemble. J'ai dit : « On va ouvrir la radio très fort et lorsque vous allez rentrer, tu vas te diriger vers la radio et tu vas dire : "Heille, c'est ben fort ça !" Pour que Duchaîne te suive un peu sans qu'il rentre dans le petit bureau. Ça va être beaucoup plus facile pour moi. »

Dans le garage, quand on rentrait, du côté gauche, il y a le petit bureau, Moi, j'étais placé du côté droit. L'auto que j'avais louée, je l'avais rentrée là. J'avais déplacé un gros coffre d'outils à quelques pieds de la porte d'entrée et j'avais placé trois ou quatre pneus de chars sur la hauteur. Et j'attendais là.

Le soir, vers 22 h, Jean-Claude est arrivé, avec ses hautes allumées. Il est rentré. Le radio jouait très, très fort. Ça me faisait mal aux oreilles.

En rentrant, il dit : « Heille, c'est ben fort ça, les gars ont dû l'avoir oublié ! » Il s'est dirigé vers le poste de radio et Christian Duchaîne l'a suivi un peu. Quand j'ai vu ça, je me suis levé, je me suis avancé de quelques pieds.

Puis là, Christian Duchaîne m'a vu. J'ai tiré dessus. Dans son corps pour le faire tomber. Mais même s'il avait reçu quelques balles, il a foncé sur moi en zigzaguant, comme pour éviter les balles. Il voulait prendre mon arme. Alors j'ai tiré encore. Là, il s'est plié, il a tombé, ses forces ont diminué. J'ai tiré dans sa tête. Là il s'est écrasé complètement.

Là, j'ai regardé Jean-Claude. Il était sur les nerfs, son souffle était fort, comme si y'avait peur. J'ai dit: «Calme-toi, tout est fait. Y'a pas personne qui a entendu des coups de feu.» Il s'est calmé un peu.

Christian Duchaîne n'avait pas tombé sur le tapis. Et il y avait beaucoup de sang à terre. Dans le coffre du char, j'avais amené une toile de polythène avec un rouleau de tape. J'ai mis la toile à terre. On a pris le corps et on l'a mis dessus. On l'a enroulé, on a mis du tape tout autour et à chaque bout, pour pas qu'il y ait du sang dans le coffre du char.

Mais il y avait énormément de sang près du char et même sur l'aile arrière. Jean-Claude a pris une hose et l'a arrosée. J'ai mis une plaque volée sur la voiture de location, par-dessus l'autre, avec des trombones jumbo. On a ouvert la porte du garage.

Jean-Claude m'a dit: «Je veux plus le voir» ou «faut pas qu'ils le trouvent». Ça m'a répugné que son oncle dise ça...

J'ai dit: «Inquiète-toi pas.» Je lui avais fait croire que j'avais deux heures de route à faire avec, dans la Beauce, pour pas qu'il sache à quel endroit...

Avant de partir, je me suis changé, j'ai mis ça dans un sac, avec le revolver. Je suis parti. J'ai roulé vitesse normale. J'ai embarqué sur le boulevard Henri-IV en direction du pont Pierre-Laporte. J'ai pris la direction de Lévis. Ma destination était Breakeyville. L'ami en question m'avait demandé de l'avertir quinze minutes avant que j'arrive. Je l'ai appelé d'une cabine téléphonique. J'ai dit : « Je m'en viens, tout est fait. »

Sa porte de garage s'est ouverte, j'ai rentré. Lui, il fait beaucoup de mécanique générale. Il a refermé la porte. J'ai vu qu'il y avait encore des petites gouttes de sang sur l'aile et le *bumper*. C'était une voiture blanche, ça se remarquait. Il m'a dit : « On s'en occupera après. »

On a sorti le corps, on l'a mis dans le genre de baril en plastique blanc. Ensuite, j'ai ressorti la voiture, je l'ai stationnée et on a refermé les portes. Je l'ai aidé à installer le poêle.

On a déshabillé le corps. Christian Duchaîne avait un jacket de cuir brun. J'ai fouillé dans ses poches parce que Jean-Claude Gagné m'avait dit : « Tu vas probablement trouver un 2000 $, 3000 $ sur lui, il traîne toujours un montant d'argent de même. » En fin de compte, il n'avait même pas 100 $ sur lui. Dans son portefeuille, il avait des sachets de drogue, de poudre blanche. Cinq ou six peut-être. De toute façon ça a tout été brûlé.

Dans son portefeuille, il avait une découpure de journaux. Sur cette découpure-là, je crois que c'était lui qui était sur la photo mais beaucoup plus jeune. L'article relatait un vol à main armée. Je me suis souvenu que Christian Duchaîne, je l'avais vu quand il était beaucoup plus jeune à la prison d'Orsainville et au vieux pénitencier Saint-Vincent-de-Paul. Sur le coup, je me suis dit pourquoi ce gars-là voulait me tuer ? Je comprenais pas mais y'était mort.

On l'a mis complètement nu. Monsieur Corriveau a sorti un couteau et un genre de scie, c'est en long. J'oublie le nom. Ça ressemble à un gros couteau électrique. Les dames se servent de ça pour couper des morceaux de viande. Mais c'est un outil de construction. Mon ami m'a dit : « Veux-tu commencer à le découper ? »

J'ai dit : « Franchement, non. » J'étais pas capable. Je lui ai dit : « Occupe-toi-z'en. »

Il m'a dit de monter sur une petite plateforme, de surveiller par le châssis qui donne sur la route principale et dans sa rue. Il a dit : « Gérald, si il s'en vient une voiture, tu m'avertis, j'enlèverai le chalumeau pour pas que la boucane sorte trop dehors. »

Il faisait excessivement chaud en haut. Je regardais en direction du poêle, le rond du baril était très, très rouge.

Ça a commencé par la tête, les bras, les jambes... Il restait le tronc. Il m'a dit : « J'aimerais ça que tu viennes m'aider pour le mettre dans le poêle. » Ça me tentait pas vraiment mais j'ai descendu. J'ai mis une paire de gants, je l'ai aidé à prendre le tronc et à la pousser. Un coup qu'il a été rentré presqu'à moitié, je l'ai laissé faire. Il a pris un bout de bois et l'a poussé complètement au fond. Je suis remonté en haut. Le feu sortait par le chalumeau. Le baril était très rouge, y'avait une pression terrible.

De temps en temps, mon ami, avec une barre de fer, il jouait dans les cendres. Pour que ça brûle. Rendu aux petites heures du matin, le corps était complètement brûlé, il restait absolument rien. Si il y avait des petits morceaux d'os, il jouait dedans et il plaçait le chalumeau en direction... Ça avait tout brûlé. Son linge aussi, tout a été brûlé. Ça a duré toute la nuit.

Quand on s'est assurés que c'était tout en cendres, on les a sorties avec une pelle ronde. Mon ami avait un gallon de peinture vide, il a mis toutes les cendres à l'intérieur. Ça s'est rempli presqu'aux trois-quarts. Je me souviens que sur les cendres, il a versé du pitch liquide dessus. Puis il a mis un couvercle. Il a tout bien refermé.

Là, on est allés manger à Saint-Jean-Chrysostome, dans un Valentine. Je peux vous dire que j'ai pas tout mangé le déjeuner parce qu'après avoir vu tout ce que j'avais vu, ça rentrait mal.

On est retournés au garage. Ensuite, je suis parti en direction du boulevard Hamel pour rapporter le char de location. Mon ami m'a suivi.

J'ai emmené le gallon avec les cendres, que j'ai déposé dans un conteneur, pas très loin du restaurant McDonald, au coin du boulevard Hamel et de l'autoroute Duplessis. J'ai jeté le gallon là. Il y avait des matériaux de construction dans le conteneur et ça s'est mêlé avec.

J'ai ramené la voiture au commerce de location d'autos. Quand j'ai rentré, le monsieur au comptoir m'a regardé et m'a demandé si j'arrivais de voyage. J'avais pas remarqué en allant au restaurant que j'avais le visage comme bronzé. À cause de la chaleur et de la suie, quand le corps brûlait. C'est le type de la bâtisse de location qui m'a fait remarquer ça...

CHAPITRE 28

LE CONDAMNÉ

LE 27 JUIN 2007, QUARTIER GÉNÉRAL DE LA SÛRETÉ DU QUÉBEC, DISTRICT DE LA CAPITALE-NATIONALE – CHAUDIÈRE-APPALACHES, VILLE DE QUÉBEC

«J'avais une excellente mémoire. Je peux affirmer à tout le monde que j'ai une excellente mémoire. Excellente», répète Gérald Gallant, avec un sourire en coin, devant l'enquêteur St-Cyr.

Au cours des mois précédents, le délateur a confessé ses 28 meurtres, ses 12 tentatives de meurtre, ses complots, ses fraudes et tous ses crimes aux policiers du projet Baladeur. Il est alors sous la garde constante des policiers ou des agents correctionnels.

On l'a rapatrié au Québec quelques semaines après son interrogatoire au poste de police de Genève avec les sergents-détectives Frenette et St-Cyr. Un interrogatoire où il n'a pas dit toute la vérité sur ses assassinats. Loin de là. À ce moment, il cache la moitié de ses meurtres aux policiers et n'entre jamais dans les détails de ceux dont il admet être l'auteur.

Ce n'est qu'une fois de retour au Québec qu'il se met réellement à table, passant des centaines d'heures à vider son sac. Une soixantaine d'heures de ces interrogatoires sont filmées, en prévision de leur possible diffusion devant le tribunal lors des éventuels procès des 11 complices qu'il a dénoncés.

Malgré son bégaiement, Gallant relate sur ces enregistrements ses meurtres avec une précision chirurgicale, en garnissant ses récits d'une foule de détails.

Les enquêteurs l'amènent sur les lieux de ses crimes où Gallant leur donne des informations additionnelles et leur indique les trajets de fuite qu'il a empruntés pour éviter de croiser des policiers.

Le tueur confesse ses crimes sans manifester beaucoup d'émotions. Sauf lorsqu'il parle de son ami, Denis Corriveau, et de son ancienne maîtresse, Jacqueline Benoit. Ou lorsqu'il se souvient qu'il y avait un enfant présent sur la scène d'un de ses crimes ou aux côtés des cibles qu'il devait abattre.

Gallant manifeste des regrets qui semblent sincères lorsqu'il est question des victimes innocentes qu'il a faites dans sa triste carrière. Des erreurs qu'il a cependant tendance à mettre sur le dos de ceux qui le payaient pour tuer.

Parfois, le tueur de Donnacona esquisse un sourire en racontant certaines des ruses qu'il a employées pour piéger ses victimes. Son visage s'illumine même de fierté à chaque fois qu'il récite par cœur les fameux chemins de fuite qu'il a empruntés après avoir exécuté ses contrats.

Évidemment, certains aveux sont plus ardus à lui soutirer que d'autres. Pendant près de cinq mois, Gallant tente de cacher aux enquêteurs sa relation extraconjugale avec Jacqueline Benoit. Et surtout, l'implication de cette dernière dans deux meurtres et une tentative de meurtre que Gallant a perpétrés aux dépens des Hells Angels.

Les bras croisés et la tête basse, il se résigne à tout avouer sur elle le 27 novembre

2006. Son récit, souvent entrecoupé de sanglots et d'excuses, prend la forme d'un long mea culpa.

Refouler tous ces secrets, en plus de savoir que sa tête sera mise à prix par les organisations criminelles, accentue son anxiété. Au point où on l'expédie d'urgence à l'Institut de cardiologie de Montréal, le 15 août 2006, sous l'escorte des policiers du Groupe d'intervention de la SQ.

Le 8 décembre suivant, Gérald Gallant passe avec succès un test du polygraphe d'une durée de trois heures et quinze minutes, dans les quartiers de la SQ à Québec.

Le polygraphiste Alain Turbide lui demande notamment: «Mentez-vous dans vos déclarations aux policiers concernant les meurtres que vous avez effectués pour des organisations criminelles?» Il répond non.

«L'analyse des polygrammes de cet examen me permet d'en arriver à l'opinion suivante: La personne interrogée dit la vérité sur les questions posées», conclut le polygraphiste.

Une conclusion déroutante au sujet d'un homme qui avait déjà réussi à convaincre son cardiologue, son psychiatre, des psychologues, ainsi que des fonctionnaires provinciaux qu'il était amnésique et invalide.

— J'ai joué un jeu avec eux sur mes troubles de mémoire, révèle Gallant aux enquêteurs. Entre autres, c'était pour me servir de couverture, au cas où je me ferais arrêter. J'en avais parlé à Raymond Bouchard et il trouvait ça très bon, que ça pourrait m'aider. Gérard Hubert était au courant lui aussi.

— Malgré cela, vous avez empiré la situation et vous avez fait de fausses déclarations, lui reproche alors l'enquêteur St-Cyr, en faisant allusion à la comédie jouée par Gallant devant plusieurs professionnels de la santé durant les années 1990.

— C'est vrai que j'ai eu des problèmes de cœur. Et des migraines. Et des problèmes de concentration dus à mes maux de tête. Mais ça prenait du temps avant que les compagnies d'assurance et la Régie des rentes me déclarent invalide. Et ça me fatiguait énormmm... Ça me fatiguait beaucoup. Alors pour que ça aille plus vite, j'ai fait semblant... C'était peut-être une fraude mais c'était pour faire activer mon dossier. J'ai menti durant des tests qu'ils m'ont fait passer. Sur le tapis roulant, j'aurais pu en donner plus. Il y a certaines douleurs qui étaient vraies et je me rendais à l'urgence de l'hôpital Laval. Il y a des petites douleurs que j'ai amplifiées. Et il y a eu des fausses douleurs. J'étais tanné. Les compagnies, ça étire, puis ça étire. Il fallait faire activer ça.

— Vous avez inventé de fausses douleurs?

— Oui. Par exemple, une fois, j'avais un rendez-vous chez mon cardiologue à l'hôpital Laval. Près de l'hôpital, il y a une pharmacie Jean Coutu et sur cette rue-là, c'est en descendant. Avant mon rendez-vous, j'ai descendu et remonté la rue quatre, cinq fois. Pour m'essouffler. Mais là, j'ai vraiment commencé à ressentir une douleur. J'ai dit: «Wô là, tu y vas trop fort.» J'aurais même pas eu besoin de faire ça, je l'aurais eu pareil, mon invalidité. Mais ça aurait pris un an ou deux de plus. Et moi, ça me fatiguait, les formulaires à remplir...

— Mais pourquoi avoir continué à prendre ces médicaments durant toutes ces années?

— J'avais des médicaments pour mon cœur, que j'ai toujours pris et que je continue de prendre, et des médicaments par un psy-chiatre. Lors de mon opération j'avais fait une petite dépression, j'étais suivi et j'accep-tais mal d'avoir fait une crise de cœur. Ceux-là, j'en ai pris un certain temps. Mais quand j'ai vu que j'étais capable de fonctionner sans ces médicaments, je ne les prenais plus. Je continuais d'aller les chercher seulement pour faire activer mon dossier d'invalidité. Souvent, je les jetais. Ou je les donnais à Ray-mond Bouchard qui me disait qu'il les donnait à sa femme.

— Une employée de la pharmacie où vous alliez chercher vos médicaments dit qu'elle vous a vu plusieurs fois faire du vélo. Mais quand elle vous a demandé si c'était bien vous qu'elle croisait en vélo, vous avez nié.

— Oui. Je ressortais toujours de la phar-macie avec un sac plein. Quelqu'un qui prend autant de médicaments, c'est impossible qu'il fasse du vélo autant que ça. Alors mon but était de cacher ça.

— Votre dernier meurtre remonte à 2003. De quoi avez-vous vécu, entre 2003 et 2006 ? lui demande alors le policier.

— De ma rente mensuelle qui venait de Raymond Desfossés, que j'avais négociée après la guerre des motards. Ça avait com-mencé à 2000 $, mais ça a monté à 2500 $ par mois. J'avais aussi des revenus de ma rente d'invalidité. Soit 550 $ par mois en as-surance salaire de la compagnie [...] et 550 $ par mois des rentes du Québec.

— Qu'est-ce que vous disiez à votre entou-rage au sujet de vos revenus ? enchaîne le policier St-Cyr.

— Que j'avais des rentes, un commerce, une cour à scrap. Et que j'avais eu un gros héritage de mon père. Ce qui était faux, répond Gallant.

— Comment expliquer que vous aviez 45 000 $ de dettes sur vos cartes de crédit lors de votre arrestation ?

— En 2000, j'avais prévu obtenir une grosse somme d'argent pour le meurtre de Maurice « Mom » Boucher, mais ça n'a pas eu lieu. La fin de la guerre des motards a fait diminuer les contrats. J'ai aussi refusé deux contrats en 2004, en disant que c'est parce que j'avais des problèmes de cœur... Je me suis mis à utiliser beaucoup les cartes de crédit. Disons que je me suis fait prendre au piège. Comme plusieurs. C'est facile avec ça, mais quand le compte rentre, oh là là... Les problèmes...

À la suite de cette confession, la Régie des rentes du Québec écrit à Gérald Gallant pour l'aviser qu'elle lui révoque sa prime d'invalidité : « En date du 31 janvier 1995, la Régie des rentes du Québec vous a reconnu invalide et une rente d'invalidité vous a été versée [...] Récemment, la Régie a reçu de nouveaux documents médicaux ainsi qu'une déclaration assermentée signée par vous-même et datée du 27 juin 2007. Cette nouvelle preuve établit qu'à l'époque où vous aviez présenté votre demande de rente d'invalidité à la Régie, vous aviez exagéré la nature et la gravité de vos problèmes de santé. [...] La Régie vous avait alors reconnu invalide, beaucoup plus en raison du trouble d'amnésie quasi-complète avec anxiété, puisqu'il était clairement établi que votre condition cardiaque, à elle seule, n'était pas suffisamment grave pour vous rendre invalide au sens de la loi. Or, compte tenu de votre déclaration [...] laquelle fait notamment ressortir l'absence d'un quelconque trouble d'amnésie à l'époque contemporaine à votre demande d'invalidité [...] nous considérons que vous n'avez jamais été invalide au sens de la Loi sur le régime de rentes du Québec et que la rente d'invalidité vous a été versée sans droit [...] La Régie vous fera parvenir, sous peu, une autre lettre vous informant du montant de rente qui vous a été versé sans droit et que vous devrez rembourser.»

Le 30 janvier 2008, Gérald Gallant paraphe son contrat de témoin repenti. Sa signature vient au bas d'une entente de huit pages, aux côtés de celles de Me Sabin Ouellet, procureur en chef et représentant du Directeur des poursuites criminelles et pénales (DPCP), et de Robert McMillan, représentant de la SQ.

À ce moment, le délateur reçoit la somme de 9600,56 $ de la SQ pour frais de cantine en détention, frais médicaux et dépenses diverses.

Il s'engage alors à coopérer avec l'administration de la justice en témoignant «aussi souvent que requis» lors des procédures intentées devant les tribunaux en lien avec ses crimes.

Il promet de plaider coupable aux 48 chefs d'accusation portés contre lui. De révéler «tout ce qu'il sait» aux policiers et procureurs de la poursuite. D'agir de façon à ne pas compromettre sa sécurité. Et de ne pas commettre d'actes criminels.

Il accepte également de ne faire état «en aucun temps, en aucun moment, directement ou indirectement, de ses activités criminelles passées à la presse écrite, parlée ou électronique, ou à toute autre forme de média, incluant d'éventuels producteurs ou éditeurs». Et de ne recevoir aucune rétribution de la part d'éditeurs ou de producteurs «provenant d'un éventuel récit de son passé criminel en vue d'une publication future ou d'une série en lien avec les déclarations faites à la police dans le cadre de cette entente».

En contrepartie, le DPCP s'engage à lui verser, par l'intermédiaire de la SQ, une somme de 50 $ par mois pour sa cantine durant toute la période de détention qu'il purgera.

De plus, le Ministère public «assumera les coûts afférents aux mesures de protection que la SQ déterminera pour assurer la sécurité du témoin repenti, des proches ou dépendants de celui-ci qui seraient susceptibles de faire l'objet de représailles de la part de groupes criminalisés», en échange de ses révélations.

Le délateur trouve son temps dur en détention.

À l'hiver 2008, il dit avoir pris beaucoup de poids. Il se plaint de ne pas pouvoir pratiquer le seul sport qui le passionne. On lui refuse la permission d'avoir un vélo stationnaire au pénitencier.

Il aimerait travailler, comme d'autres prisonniers. Mais il serait apparemment impossible de lui trouver un emploi sans compromettre sa sécurité.

L'élève médiocre d'antan veut même suivre des cours d'anglais, à l'aube de la soixantaine. En vain.

Mais pour Gérald Gallant, le pire échec est bientôt à venir.

EXTRAITS DES NOTES DES POLICIERS DE LA SQ CONTRÔLEURS DU TÉMOIN REPENTI GÉRALD GALLANT :

28 février 2008 : Gallant dit que Claudine a l'air en pleine forme. Il est content.

24 juillet 2008 : Gallant n'a pas eu de contact avec Claudine depuis plusieurs mois.

21 août 2008 : Gallant n'a plus aucun contact avec Claudine.

29 octobre 2008 : Aucun contact de Gallant avec Claudine

12 janvier 2009 : 15 h 05 : Arrivée de Claudine pour rencontre avec Gérald Gallant dans une salle d'interrogatoire à la SQ. 15 h 20 : Départ de Claudine [...] Gallant ne se sent pas bien. Il a des migraines.

Après cette date, il n'est plus question de Claudine dans les notes des contrôleurs de Gallant, pendant le reste de l'année 2009. C'est la dernière année durant laquelle les détails des rencontres du délateur avec les policiers, les procureurs et ses visiteurs ont été notés dans un registre.

Sa dernière confession sur vidéo est enregistrée par les policiers le 29 janvier 2009 où, à la demande des procureurs de la Couronne, il est appelé à faire certaines précisions sur ses déclarations antérieures.

Deux mois plus tard, le 26 mars 2009 – presque trois ans après son arrestation en Suisse – Gallant a les yeux rivés sur un écran de télévision pour suivre les bulletins de nouvelles. C'est le jour de la phase finale du projet Baladeur, où la SQ doit procéder à l'arrestation des 11 commanditaires ou complices des meurtres du délateur. Ceux que Gallant a lui-même dénoncés.

Plus tôt ce jour-là, six policiers du Groupe tactique d'intervention de la SQ et quatre policiers de la police de Québec l'escortent au garage Métal Beauport, situé au 2688, rue Louis XIV, dans l'arrondissement de Beauport, où ils mènent une perquisition.

C'est là que, dans une scène surréaliste, Gallant – portant une veste pare-balles à l'effigie de la police provinciale – est invité par l'enquêteur André Roussy à lui préciser comment il a abattu Christian « Le Prince » Duchaîne, à l'endroit exact du dernier de ses 28 meurtres.

Même si Gallant collabore, on craint alors un risque d'évasion parce que « le sujet n'a plus rien à perdre ». Une crainte qui se révèle finalement sans fondement.

Ce jour-là, « Gallant se dit libéré d'un poids énorme », écrit Claude St-Cyr dans ses notes sur cette enquête.

Seule Jacqueline Benoit manque à l'appel, lors de cette rafle policière menée dans plusieurs régions du Québec.

Mais l'ex-maîtresse et partenaire de vélo de Gallant est finalement appréhendée cinq jours plus tard, le 31 mars 2009, à l'aéroport JFK, de New York, à sa descente d'un avion en provenance de l'Europe.

Ironie du sort, le matin même, Gallant plaide coupable à toutes les accusations déposées contre lui, au palais de justice de Québec. En tout, 28 meurtres prémédités et 12 tentatives de meurtre.

On l'avait informé à l'avance de la peine qui lui serait infligée : Incarcération à perpétuité, sans possibilité d'obtenir une libération conditionnelle avant d'avoir purgé 25 ans.

Gallant avait alors accueilli la nouvelle en pleurant. Mais il s'était fait à l'idée.

« Je regrette le mal que j'ai causé aux victimes, ainsi qu'à leurs familles. Je comprends que le pardon sera difficile, voire impossible et je l'accepte. Le but de ma collaboration avec la police, c'est de réparer en partie le mal que j'ai causé. Je vous demande pardon. C'est tout », déclare-t-il devant le juge Claude Gagnon, d'une voix rauque et sur un ton monocorde.

Gallant ne pleure pas devant le tribunal, contrairement à plusieurs proches de ses victimes, assis dans la salle d'audience pour l'entendre reconnaître sa culpabilité. On y remarque aussi la serveuse Hélène Brunet, blessée dans la fusillade du 7 juillet 2000 dans laquelle a péri Robert « Bob » Savard, alors bras droit du chef des Hells Angels « Mom » Boucher.

S'il survit jusqu'en 2034, le tueur à gages qui rêvait de devenir riche en travaillant pour l'organisation du caïd Raymond Desfossés recouvrera sa liberté. Il aura alors 83 ans et aura touché à peine 15 000 $ de l'État pour couvrir ses dépenses en détention.

Contrairement à ce qu'il disait craindre, Gérald Gallant ne se fera pas bombarder en cour par les avocats de ses anciens comparses qu'il a fait accuser.

Les commanditaires de ses meurtres, ainsi que les complices qui l'ont aidé à en commettre, ont tous plaidé coupable à des accusations réduites de complot pour meurtre ou de complicité après un meurtre. Ils ont ainsi tous renoncé à la tenue d'un procès et Gallant n'a pas eu besoin de témoigner.

Raymond Desfossés, trafiquant notoire et influent leader du gang de l'Ouest, qui se faisait appeler « Le Boss » par Gallant, est condamné à 20 ans de pénitencier, en mars 2014.

Son bras droit, Raymond Bouchard, 67 ans, propriétaire de Métal Beauport et intermédiaire entre Gallant et les Rock Machine, écope de 15 ans d'incarcération, en mars 2014.

Marcel «Le Maire» Demers, 57 ans, ex-numéro 2 des Rock Machine à Québec, est condamné à 20 ans d'incarcération, en janvier 2013.

Frédéric Faucher, 44 ans, le chef guerrier des Rock Machine durant la guerre des motards avec les Hells Angels, est condamné à 23 ans de pénitencier, en novembre 2012.

Gérard Hubert, 75 ans, le fidèle complice de Gallant, se voit infliger une peine de 15 ans, en mars 2014.

Denis Corriveau, 74 ans, le parrain du fils unique du tueur à gages et le «meilleur ami» de Gallant, écope de 10 ans à l'ombre, en mars 2014.

Jean-Claude Gagné, 71 ans, l'associé de Raymond Bouchard et ex-codétenu de Gallant au pénitencier de Cowansville, est condamné à 15 ans de pénitencier, en novembre 2012.

Denis Gaudreault, 53 ans, ancien beau-frère du tueur à gages, s'en tire avec une peine de 18 mois de détention qu'il peut purger dans la collectivité, en septembre 2013, pour complicité dans le premier contrat de meurtre exécuté par Gallant, en 1980.

Gilles Dubois, 62 ans, qui séjournait dans la même maison de transition que Gallant lorsque ce dernier lui a demandé de l'aider à tuer André Haince, en octobre 1982, écope d'une peine de deux ans moins un jour de détention à purger dans la collectivité, en avril 2014.

Réjean-Claude Juneau, 72 ans, dont les services de chauffeur ont été prêtés à Gallant par le caïd Desfossés, pour le meurtre de Marcel Lefrançois en février 1984, purge depuis décembre 2009 une peine d'incarcération à perpétuité. Il sera admissible à une libération conditionnelle en 2021.

Jacqueline Benoit, 52 ans, reçoit une peine de 20 mois de détention à purger dans la collectivité, suivie d'une probation de deux ans, en janvier 2014.

Gérald Gallant, maintenant âgé de 64 ans, séjourne dans un pénitencier dont l'emplacement est tenu secret, à l'intérieur d'un secteur de super-protection. On le tient à l'écart de la population carcérale générale.

Pour passer le temps, il cultive des fleurs et des plants de tomates dans l'aile de détention qu'il occupe avec d'autres délateurs comme lui.

Il est toujours passionné de vélo, même s'il n'en a pas fait depuis 2006. À sa demande, les autorités lui ont apporté deux livres consacrés à la vie d'un autre cycliste déchu, Lance Armstrong, champion du Tour de France à sept reprises et tombé en disgrâce à la suite d'allégations de dopage.

En juillet 2014, le délateur adresse une lettre au *Journal de Montréal*. Comme stipulé dans son contrat avec l'État, il n'aborde pas son passé de criminel. Mais il se plaint de ses conditions de détention.

Contrairement aux lettres qu'il a rédigées avant de devenir délateur, celle-ci contient seulement quelques fautes d'orthographe.

La lettre de quatre pages commence ainsi : « Mon nom est Gérald Gallant, individu qui a été fort connu des policiers et des journalistes, lors de mon arrestation en 2006, devenu délateur dans le cadre de l'opération Baladeur, présentement incarcéré au pénitencier, et ce pour le reste de ma vie. »

Après avoir fait le résumé de son dossier médical avec des détails ne laissant pas de doute sur son identité, Gallant reproche aux autorités correctionnelles d'avoir réduit sa médication de façon importante « au détriment de ma santé », prétend-il.

« Je passe mes journées couché vu mes migraines [...] L'intensité de la douleur, la perte de sommeil, une fatigue accrue, le manque de concentration, le stress font que je passe la plupart de mon temps dans ma cellule.

Dernièrement, le 19 juin, lors du décompte, on m'a trouvé dans ma cellule, inconscient sur le plancher, et les gardiens m'ont emmené à l'infirmerie. Je suis resté couché sur la civière sans voir personne et, au

CHAPITRE 28 – LE CONDAMNÉ

301

bout je crois d'une heure, le Dr [...] me retourne en me disant de prendre des Tylenol, que ce n'était rien.

Je ne demande qu'à être soigné par des gens compétents [...] Tout ce que je veux c'est de faire ma peine en paix. Je tiens à vous dire que je ne laisserais personnes mettre ma crédibilité en doute. Crédibilité qui a été un succès dans le projet Baladeur.»

8 DÉCEMBRE 2006, QUARTIER GÉNÉRAL DE LA SÛRETÉ DU QUÉBEC, DISTRICT DE LA CAPITALE-NATIONALE – CHAUDIÈRE-APPALACHES, VILLE DE QUÉBEC

— As-tu des enfants? demande le polygraphiste Alain Turbide.

— Probablement que j'aurais un fils, mais j'en ai jamais eu la certitude à 100%. Quand j'ai résidé à Port-Cartier dans les années 80, je devais me séparer de cette femme-là et une bonne journée, elle m'a dit qu'elle était enceinte, mais j'ai jamais été certain si c'était moi, le père. Mon épouse actuelle a une fille que j'ai considérée comme ma propre fille.

— Comment tu trouves que la société t'a traité en général?

— Très bien.

— Toi, à l'inverse, comment tu trouves que t'as traité la société?

— Si j'avais à changer des choses, je le ferais.

— Tes ambitions dans la vie?

— Ouf... Présentement, j'espère que la décision que j'ai prise... Je suis persuadé d'avoir pris la bonne décision. J'espère que le futur va être meilleur pour moi.

— De quoi as-tu le plus honte?

— Je me sens très mal d'avoir placé mon épouse dans cette situation. C'est sûr que de faire des meurtres, je ne suis pas fff... fier de ça aujourd'hui. Je pourrais vous dire mille choses...

FIN

PERSONNAGES PRINCIPAUX

Raymond Desfossés

Né en 1950, le Trifluvien est un trafiquant notoire et un influent leader du gang de l'Ouest. Les policiers le surnomment «le roi de la cocaïne». Gérald Gallant l'appelle «le boss». Il fait la connaissance de Gallant au pénitencier de Cowansville après avoir été condamné, en avril 1976, à 8 ans d'incarcération pour vol qualifié, port de déguisement et utilisation illégale d'une arme à feu. Il est aussi garagiste. Il construit des voitures de luxe dont il est le concepteur, les Ray Desf, d'une valeur de 115 000 $ chacune, qui ont attiré l'attention au Salon de l'auto de Montréal, en 1990. À l'été 1991, il assiste au mariage de la fille de Joe Di Maulo et du fils de Frank Cotroni, deux mafiosi de haut rang à Montréal. Quelques mois plus tard, il est arrêté pour son rôle dans le meurtre d'un trafiquant de Fort Lauderdale, David Singer, abattu six ans plus tôt en Floride pour avoir présumément floué le gang de l'Ouest. Desfossés est tellement craint que les quatre gardiens qui l'escortent au tribunal floridien, le jour où il plaide coupable, lui mettent une ceinture conçue pour le neutraliser d'une décharge électrique activée à distance, au cas où il tenterait de s'évader.

Condamné à 12 ans de réclusion, il obtient sa libération conditionnelle en 2000. Peu après, il commande à Gallant le meurtre de Robert «Bob» Savard, un prêteur usuraire alors considéré comme le bras de droit du chef des Hells Angels, Maurice «Mom» Boucher. Il demande aussi à Gallant et à trois complices d'abattre Boucher, moyennant une prime de 250 000 $, en espérant que cela mette fin à la guerre des motards. Cette guerre qui sévit alors depuis six ans au Québec et dont l'enjeu est le contrôle du marché de la drogue. Gallant ne pourra cependant mettre le plan à exécution. En septembre 2004, la GRC arrête Desfossés pour avoir comploté dans le but d'importer 750 kilos de cocaïne au pays. La drogue est saisie sur le voilier Le Gabriela, à bord duquel se trouvent des complices québécois du caïd, au large de Puerto Rico. Le printemps suivant, il écope de 13 ans de pénitencier et l'État lui confisque 300 000 $ en argent liquide, provenant du trafic de drogue. Déjà derrière les barreaux, Desfossés est de nouveau appréhendé en mars 2009 lors du projet Baladeur. Les enquêteurs le relient à six des meurtres commandés à Gallant. Il est condamné à 20 ans de pénitencier, en mars 2014, après s'être avoué coupable de complot pour meurtres. Une peine dont il lui reste alors 9 ans à purger, en déduisant sa période de détention provisoire comptabilisée en double.

Raymond Bouchard

Propriétaire de Métal Beauport, le ferrailleur de 67 ans est le lieutenant du caïd Raymond Desfossés dans la région de Québec. Il fait lui aussi la connaissance de Gallant au pénitencier de Cowansville après avoir écopé d'une peine de 7 ans d'incarcération, en mars 1975, pour avoir commis un vol à main armée d'une valeur de 39 802 $ à la Caisse populaire de Saint-Tite-des-Caps, en compagnie de son complice, Jean-Claude Gagné. Ce dernier deviendra par la suite son associé chez Métal Beauport. Bouchard sert ensuite d'intermédiaire entre Gallant et les Rock Machine, qui commandent plusieurs meurtres au tueur à gages durant la guerre des motards. Arrêté en mars 2009 lors du projet Baladeur, il se voit accusé par la Couronne d'avoir participé à 16 meurtres à la suite des révélations du tueur devenu délateur. Il plaide coupable à une accusation de complot pour meurtres et écope de 15 ans d'incarcération, en mars 2014. Il lui reste alors 5 années à purger, compte tenu de sa détention provisoire déjà écoulée et comptabilisée en double.

Marcel Demers

Surnommé « Le maire », il est le numéro 2 des Rock Machine de Québec durant la guerre contre les Hells Angels. L'homme de 57 ans est notamment condamné à 9 ans de pénitencier pour complot et trafic de stupéfiants, en 2001. Demers se désaffilie des Rock Machine en 2006, avant d'obtenir sa libération conditionnelle. Arrêté de nouveau en mars 2009 lors du projet Baladeur, il est accusé d'avoir commandé 12 meurtres à Gérald Gallant. Il plaide coupable à une accusation de complot pour meurtres et est condamné à 20 ans d'incarcération, en janvier 2013. En soustrayant sa période de détention provisoire, il lui reste alors 12 ans et demi à écouler sur sa peine.

Frédéric Faucher

Âgé de 44 ans, il est considéré comme le chef guerrier des Rock Machine lors de la guerre des motards. C'est avec lui que Maurice «Mom» Boucher, alors chef des Hells Angels, négocie une trêve au conflit sanglant entre les deux gangs, qui aura fait plus de 165 morts au Québec de 1994 à 2003. Faucher écope de 11 ans et demi de pénitencier, en 2001, pour trafic de stupéfiants et pour avoir participé à un attentat à la bombe au repaire des Hells Angels, à Saint-Nicolas, sur la rive sud de Québec. Accusé en 2009 d'avoir commandé six des meurtres du tueur à gages Gérald Gallant, il s'avoue coupable de complot et est condamné à 23 ans de pénitencier, en novembre 2012. Il lui reste alors 12 ans et demi à purger, en soustrayant sa détention préventive déjà passée.

Gérard Hubert

Membre du clan Desfossés, l'homme de 75 ans est le complice préféré de Gérald Gallant, qui lui demande de l'aider à commettre huit de ses meurtres. Le délateur dit de lui qu'il est le «meilleur voleur de banques» qu'il connaît et l'appelle son «frère siamois». Et ce, même si Gallant l'a fait arrêter à son insu en donnant des informations aux policiers sur un hold-up que Hubert avait commis à Burnaby, près de Vancouver, en 1985. Coiffeur de métier, le braqueur est notamment condamné à 13 ans d'incarcération pour plusieurs vols qualifiés dans l'Ouest canadien, en 1986. Il est libéré d'office en 1995 après avoir purgé les deux tiers de sa peine. C'est à partir de ce moment qu'il devient le complice de Gallant, sous la recommandation de Raymond Bouchard, du gang de l'Ouest. Arrêté en 2009 dans le projet Baladeur, Gérard Hubert se voit infliger une peine de 15 ans d'incarcération en mars 2014, après s'être reconnu coupable de complot pour meurtres. En tenant compte du temps qu'il a déjà passé en détention provisoire, calculé selon l'ancienne règle du « deux pour un », comme pour tous les autres accusés du projet Baladeur, il finira de purger sa peine en 2019.

Denis Corriveau

L'homme de 74 ans se lie d'amitié avec Gallant au pénitencier de Cowansville, après sa condamnation à cinq ans de réclusion, en avril 1972, pour vol à main armée. Il devient le meilleur ami du tueur à gages, acceptant aussi d'être le parrain de son fils unique. C'est avec Corriveau que Gallant commet son dernier meurtre, en 2003, celui du trafiquant Christian « Le Prince » Duchaîne. Près de 20 ans plus tôt, en 1995, il l'aide à tuer Guy Lévesque sur la rive sud de Québec. Dénoncé aux policiers par Gallant en même temps que les 11 complices du délateur, Corriveau plaide coupable de complot pour meurtres et écope de 10 ans à l'ombre, en mars 2014. Il a alors déjà purgé l'équivalent de la moitié de sa peine en détention provisoire.

Jean-Claude Gagné

L'homme de 71 ans, associé de Raymond Bouchard au garage Métal Beauport, près de Québec, connaît lui aussi Gallant au pénitencier de Cowansville, au milieu des années 1970. Il purge alors une peine de 7 ans pour le hold-up d'une Caisse populaire, commis avec Bouchard. Gagné est accusé d'avoir aidé Gallant à commettre 2 meurtres, dont celui de son propre neveu, Christian Duchaîne. Avant son arrestation de 2009, Gagné est interrogé par les policiers de Québec qui enquêtent sur la disparition de son neveu. Il tente de se disculper en leur disant que Christian Duchaîne, «c'est pratiquement moi qui l'a élevé avec sa sœur». Il plaide finalement coupable à une accusation de complot pour meurtres, en novembre 2012, et est condamné à 15 ans de pénitencier. En déduisant sa détention provisoire, il lui reste alors 7 ans et 10 mois à purger.

Denis Gaudreault
Ancien beau-frère du tueur à gages, il voit celui-ci commettre son premier contrat de meurtre en 1980, sur la Côte-Nord. Il l'aide alors à se débarrasser du corps du trafiquant Louis Desjardins. Gaudreault est l'un des seuls à passer aux aveux lors de son arrestation par les policiers du projet Baladeur, en mars 2009. L'homme de 53 ans s'avoue coupable de complicité après un meurtre et s'en tire avec une peine de 18 mois de détention, qu'il peut purger dans la collectivité depuis septembre 2013.

Réjean-Claude Juneau
Ses services de chauffeur sont prêtés à Gérald Gallant par le caïd Raymond Desfossés, en février 1984, pour le meurtre de Marcel Lefrançois; le tueur à gages abat ce dernier en plein boulevard Hochelaga, à Sainte-Foy. De 1990 à 2005, il est condamné à quatre lourdes peines de pénitencier pour des vols qualifiés, dont la durée varie de 2 ans et demi à 9 ans et demi. Il est toujours incarcéré lorsque les policiers du projet Baladeur le convainquent de devenir délateur, comme Gallant, en décembre 2009, afin que ses déclarations servent à incriminer Desfossés. L'homme de 72 ans purge présentement une peine d'incarcération à perpétuité après s'être déclaré coupable d'une accusation réduite de meurtre non prémédité, mais il sera admissible à une libération conditionnelle en 2021.

Gilles Dubois

Il fait également connaissance avec Gérald Gallant au pénitencier de Cowansville. Les deux hommes séjournent aussi dans la même maison de transition, à Québec, lorsque Gallant lui demande de l'aider à tuer André Haince, en octobre 1982. Âgé de 62 ans, il plaide coupable pour complot pour meurtre avant d'être condamné à une peine de deux ans moins un jour de détention à purger dans la collectivité, en avril 2014. Il est le dernier des 11 complices de Gallant à en finir avec la justice dans cette affaire.

Jacqueline Benoit

La femme d'affaires de Donnacona travaille pour l'entreprise de pompes funèbres et d'ambulances de sa famille quand elle devient la partenaire de vélo de Gérald Gallant, puis sa maîtresse. Elle se rend complice de deux des meurtres du tueur à gages, ainsi que de la tentative de meurtre sur le Hells Angel Louis « Melou » Roy, en 1997 et 1998. Chaque fois, elle fait la surveillance des cibles de Gallant, à la demande de ce dernier. En larmes et visiblement repentante, Jacqueline Benoit plaide coupable à une accusation de complot pour meurtres, en janvier 2014, à Québec. Elle est condamnée à 20 mois de détention qu'elle peut cependant purger dans la collectivité, et à une probation de deux ans.

LES
28 VICTIMES
DE GALLANT

Louis Desjardins
30 janvier 1980,
Port-Cartier

Victime du premier contrat de meurtre
exécuté par Gérald Gallant. C'est le caïd
Raymond Desfossés qui le lui commande, au motif que Desjardins collabore avec la police. Trafiquant à la solde
du gang de l'Ouest, Louis Desjardins
accuse une dette importante envers
cette organisation, d'après l'enquête
policière menée à l'époque. Il est aussi
impliqué dans un accident de la route au
volant de la voiture de la conjointe de
Desfossés, à l'automne 1979. Louis Desjardins est conduit au garage de pneus
où Gallant travaille, à Port-Cartier, avec
la complicité de l'ex-beau-frère du tueur,
Denis Gaudreault. Gallant l'atteint d'un
projectile de calibre 9 mm à la tête.
L'arme n'est pas retrouvée. Le corps est
jeté au bas d'un ravin, dans la coulée
Saint-Pancrasse, à Baie-Comeau, mais
on le retrouvera dans les jours suivants.
À l'époque, Gallant compte parmi une
douzaine de suspects et la Sûreté du
Québec le questionne. Le tueur se dé-
fend d'avoir trempé dans cette affaire. Il
prétend même qu'un proche du clan
Desfossés lui a dit que «le travail a été
fait par deux gars, un de Trois-Rivières
et un de Montréal».

Gilles Legris
28 décembre 1978,
Port-Cartier

Gérald Gallant aide un de ses ex-codé-
tenus à donner une raclée à un homme
qui avait «écœuré» sa blonde. Gilles
Legris, 26 ans, est gérant d'un bar de
danseuses, à Port-Cartier. Gallant affirme trente ans plus tard aux policiers
qu'il ignorait que l'agression allait dégé-
nérer en meurtre. Dans ses souvenirs,
il voit son comparse, dont il ne se souvient plus du nom, en train de fracturer
le crâne de la victime à coups de barre
de fer. Ils jettent ensuite son corps au
pied du barrage Sainte-Marguerite, à
Sept-Îles, où un employé fait la macabre
découverte le lendemain.

†

André Haince
2 octobre 1982,
Saint-Romuald

Ce représentant commercial de 47 ans, connu dans le milieu des stupéfiants, est abattu à la demande de Marcel Lefrançois, un homme d'affaires de Sainte-Foy que le tueur rencontre en détention. Alors en libération conditionnelle dans une maison de transition à Québec, Gallant reçoit l'aide de Gilles Dubois, un ex-codétenu, pour piéger Haince. Ce dernier croit qu'il va chercher quelques kilos de cocaïne auprès de Gallant et de son complice. Il est porté disparu après que son véhicule ait été retrouvé abandonné dans le stationnement d'un hôtel, à Saint-Gilles-de-Lotbinière, sur la Rive-Sud de Québec. Ses ossements, un collier et un porte-clés affichant sa photo ne sont découverts que le 11 juin 1986, dans un chemin boisé. On ne retrouvera pas l'arme du crime. Gallant ne touche que 3 000 $ des 15 000 $ promis pour ce contrat.

Marcel Lefrançois
17 février 1984,
Sainte-Foy

Commanditaire du meurtre précédent commis par Gallant, Marcel Lefrançois doit encore 12 000 $ à ce dernier. Le tueur entend dire qu'il sera liquidé avant que Lefrançois n'efface sa dette. Gallant demande l'aide de son patron, Raymond Desfossés, qui lui envoie le chauffeur Réjean-Claude Juneau pour suivre la victime et s'immobiliser à côté de sa voiture au moment opportun. Gallant est assis sur la banquette arrière quand il commet le meurtre. Lefrançois, un propriétaire de salon de massage âgé de 49 ans, reçoit un projectile en plein front, tiré à l'aide d'un fusil de calibre .12 alors qu'il conduit sa voiture sur le boulevard Hochelaga.

✝

Gilles Côté
23 octobre 1985,
Charlesbourg

Gilles «Balloune» Côté, 34 ans, est un trafiquant avec lequel Gallant commet un hold-up dans une bijouterie de Chicoutimi en 1973. Une fois détenu à la prison d'Orsainville avec Gallant, Côté tente de tuer son ancien acolyte, selon ce dernier. Gallant déniche son adresse douze ans plus tard. En compagnie d'un complice qui lui sert de chauffeur, le tueur attend Côté dans le stationnement de son immeuble à logements. Il l'atteint de huit projectiles, tirés avec un revolver de calibre .455 Magnum et un fusil de calibre .12, à travers les fenêtres de la voiture où la victime prenait place.

✝

Guy Laflamme
5 octobre 1989,
Québec

Gérald Gallant dit qu'à l'occasion de ce meurtre, il sert de chauffeur au complice de son meurtre précédent et que c'est ce dernier qui tire sur Guy Laflamme. Le jeune homme de 21 ans est abattu dans le stationnement du restaurant Chalet Vanier, à Québec, où il est livreur. Gallant dit qu'il remet ainsi la pareille au tireur pour l'avoir aidé lors du meurtre de Gilles Côté, en 1985.

Salvatore Luzi
28 mai 1990,
Lorraine

Le meurtre de l'ex-proprio du bar de danseuses Million Dollar Club, à Montréal, est commandé à Gallant par le caïd du gang de l'Ouest, Raymond Desfossés. La maison de la victime est à vendre et Gallant s'y présente, vêtu d'un costume-cravate, en se faisant passer pour un acheteur potentiel. Luzi, 46 ans, est atteint de trois balles d'une arme de poing de calibre .22 à la tête, alors qu'il fait visiter la cour arrière de sa propriété. La police, qui ne retrouve pas l'arme du crime, conclut à un règlement de compte vraisemblablement commandé par l'ex-numéro un du gang de l'Ouest, Allen Ross, qui a apparemment perdu de l'argent dans ce commerce.

Richard McGurnaghan
18 mars 1991,
Montréal

Autrefois liée au gang de l'Ouest, la victime a acheté la taverne Olympic, sur la rue Wellington, dans le quartier Pointe-Saint-Charles. C'est là qu'elle est abattue. Le caïd Raymond Desfossés charge Gallant de tuer l'homme de 42 ans, moyennant une somme d'environ 12 000 $. McGurnaghan se présente à la taverne en compagnie de son fils de 12 ans. Gallant, qui se fait passer pour un client, attend que l'enfant soit parti avant d'atteindre sa cible à la tête, avec un revolver Taurus de calibre .357 Magnum. Durant cette fusillade, Benoit Vaudry, qui se trouve aussi au bar, est blessé par un projectile. Deux frères de Richard McGurnaghan avaient eux aussi été assassinés avant lui, dont l'un par l'ex-Hells Angel Yves «Apache» Trudeau, un prolifique tueur à gages devenu lui aussi délateur, au milieu des années 1980.

Pierre Langlois
8 février 1993,
Charlesbourg

Gallant affirme avoir reçu ce contrat par l'entremise de Raymond Bouchard, le lieutenant de Raymond Desfossés dans la région de Québec. Pierre Langlois a apparemment fait perdre quelques centaines de dollars à des investisseurs du monde interlope dans l'entreprise Pee-Wee Pro, qui fabrique et vend des cartes sportives de joueurs du tournoi de hockey pee-wee de Québec. Langlois est abattu dans le stationnement de la conciergerie où il habite, à Charlesbourg, par Gallant et un complice. Les autorités trouvent deux armes sur place, un revolver .357 Smith & Wesson et un Rossi de calibre .38.

Daniel «Dany» Paquet
27 juillet 1993,
Québec

À l'époque, la victime fait partie de l'équipage d'un bateau qui doit servir à l'importation d'une quantité importante de haschisch. La transaction, que les policiers attribuent au caïd Raymond Desfossés, ne se concrétise finalement jamais. Paquet insiste toutefois afin de se faire payer pour le travail accompli. C'est le bras droit de Desfossés, Raymond Bouchard, qui charge Gallant d'éliminer le témoin gênant, selon le délateur. Bouchard accompagne le tueur sur les lieux du crime. Paquet est abattu de dos alors qu'il rentre au bar laitier Lilo, sur la 3e Avenue, où Bouchard l'attire sous le prétexte d'une transaction de drogue. Il reçoit trois balles à la tête d'un revolver Taurus .357 Magnum, que Gallant laissera sur place.

✝

Guy Laflamme
2 août 1994,
Beauport

Guy Laflamme, 40 ans, possède un dossier judiciaire bien garni, ayant notamment déjà été condamné à 8 ans de pénitencier pour homicide involontaire. Gérald Gallant l'abat pour rendre service à ses anciens compagnons de pénitencier, Raymond Bouchard et Jean-Claude Gagné, qui connaissent la victime et craignent qu'elle ne s'en prenne à eux. Bouchard et Gagné n'ont pas d'argent pour payer ce contrat, mais Bouchard promet à Gallant qu'il lui rendra la pareille si un jour il est mal pris. Gagné donne rendez-vous à Laflamme au bar Le Bretzel pour faciliter le meurtre. Gallant l'atteint de six projectiles provenant d'un revolver de calibre .357 Magnum, qu'il abandonne ensuite dans le portique.

Guy Lévesque
14 avril 1995,
Saint-Antoine-de-Tilly

Gallant se fait présenter la victime par son meilleur ami, Denis Corriveau. Lévesque désire supposément commettre un vol de banque avec Gallant, mais ce dernier conclut rapidement que Lévesque est un informateur de police qui tente de le piéger. Il en avise Corriveau, qui trouve un prétexte pour se faire conduire par Lévesque dans un rang isolé, avant de l'abattre de six projectiles. Gallant, bien au fait du plan, attend non loin de là en retrait et va ensuite chercher son ami. On retrouve le corps de la victime le jour même dans sa Ford Mustang noire.

✝

Bruno Van Lerberghe
17 décembre 1996,
Québec

C'est le premier contrat de meurtre que Gallant reçoit des Rock Machine. Surnommé «Cowboy», Van Lerberghe est un membre en règle des Hells Angels du chapitre de Québec. Marcel «Le Maire» Demers indique à Gallant le restaurant où le motard se rend régulièrement, soit le Resto-Broue, dans le secteur Vanier. Gallant prend le temps de manger un spaghetti sur place avant de faire feu à six reprises sur le motard, à l'aide d'un revolver tronçonné de calibre .357 Magnum. La police analyse tout ce que le tueur a pu toucher à l'intérieur (assiettes, ustensiles, verre, napperon, revolver) pour recueillir son ADN et ainsi peut-être l'identifier. Mais les résultats se révèlent non concluants. À sa table, on trouve un exemplaire du *Journal de Québec* ouvert à une page coiffée du titre: «Délateur accusé de parjure». Bruno Van Lerberghe porte un pistolet 9 mm dans son caleçon et un pen gun dans son sac à main, qu'il n'aura pas eu le temps d'utiliser pour se défendre. Les policiers trouvent également plusieurs chandails à l'effigie des Hells Angels dans le coffre de sa voiture.

✝

Denis Lavallée
8 avril 1997,
Donnacona

Le meurtre du propriétaire de l'hôtel Donnacona est commandé par le Rock Machine Marcel Demers, sous prétexte que l'établissement, où la vente de stupéfiants était auparavant contrôlée par ce gang de motards, est maintenant associé aux Hells Angels. Alors qu'il se trouve dans son bureau à l'étage de l'hôtel, Lavallée est atteint de six balles tirées à l'aide d'un revolver .357 Magnum et de deux autres balles, provenant d'un revolver de calibre .38 Special. Gérald Gallant, qui touche 20 000 $ pour ce contrat, admet des années plus tard qu'il était nerveux parce qu'il habitait dans cette ville de la région de Portneuf et craignait de se faire reconnaître. Après avoir exécuté le contrat, il fait détruire à la cour à *scrap* de son complice Raymond Bouchard sa voiture personnelle, utilisée ce jour-là.

Alain Leclerc
17 novembre 1997,
Charlesbourg

Les Rock Machine donnent 20 000 $ à Gallant pour abattre ce trafiquant de Québec lié aux Hells Angels et ex-membre des motards Les Mercenaires. Le tueur suit la victime de son domicile jusqu'au restaurant Ashton de la 80e Rue Ouest, à Charlesbourg. Leclerc, 28 ans, est attablé avec sa conjointe lorsque Gallant entre en compagnie de son complice, Gérard Hubert. Ce dernier est déguisé en femme et il ordonne aux autres clients de se coucher par terre en exhibant son arme. Gallant tire quatre projectiles en direction de celui que l'on surnomme «Lulu», avec un revolver Ruger de calibre .357 Magnum.

Alain Bouchard,
10 février 1998,
Québec

Relié aux Hells Angels, l'homme de 42 ans contrôle un territoire de vente de drogue dans la basse-ville de Québec, où il est aussi propriétaire de la brasserie Best Sellers, située à l'intérieur du Mail Saint-Roch. En septembre 1996, il échappe à un attentat au véhicule piégé, près de son domicile du quartier Limoilou. La bombe aimantée sous sa camionnette par les Rock Machine tombe sur la chaussée sans exploser quand Bouchard met son véhicule en marche. Gérald Gallant et sa maîtresse Jacqueline Benoit avaient effectué de la surveillance dans la brasserie avant le meurtre. Gallant exécute le contrat donné par le Rock Machine Marcel Demers en matinée, sous les yeux de plusieurs clients. Bouchard est atteint de cinq balles provenant d'un revolver Smith & Wesson de calibre .38 Special.

Roland Ruel
2 avril 1998,
Beauport

La victime, âgée de 47 ans, est propriétaire de la compagnie Les Immeubles Bilnor Inc., dont certains édifices abritent des commerces liés aux Hells Angels. Parmi ceux-ci, on compte le bar Le Charest, un point de vente de drogue dans la basse-ville de Québec. Moins de deux mois avant son assassinat, deux de ses immeubles sont la cible de cocktails Molotov. Chargé de ce contrat par les Rock Machine, Gérald Gallant suit Ruel jusqu'au restaurant Le Lotus Sélect, à Beauport. Le tueur s'assoit à une table près de celle de la victime et attend quelques minutes avant de l'abattre de six projectiles, à l'aide d'un revolver de calibre .357 Magnum.

Richard Drouin
16 juin 1998,
Sainte-Foy

Sculpteur, ébéniste et pilote de stock-car, Richard Drouin est impliqué dans le trafic des stupéfiants avec les Hells Angels. Drouin est aussi un grand collectionneur de cartes de hockey et d'autos miniatures. Sa collection occupe le quart de l'espace de son sous-sol et vaut plus d'un million de dollars, selon les policiers. Il a notamment acheté des cartes de hockey des années 1950 et 1960 d'une valeur de 20 000 $ au Hells Angel Alain Ruest. Le soir du meurtre, Gallant se cache en dessous d'un Jeep stationné dans l'entrée du domicile de l'homme de 42 ans, situé dans le quartier Laurentien, à Sainte-Foy. Quand Drouin arrive à sa hauteur, le tueur surgit devant lui et fait feu à cinq reprises, avec un revolver de calibre .38 Special.

✝

Paul Cotroni Jr.
24 août 1998,
Repentigny

Paul Paolo Cotroni, 42 ans, est le neveu de l'ex-parrain de la mafia montréalaise Vic Cotroni et le fils du mafioso Frank Cotroni. Il entretient des liens avec les Hells Angels et leur club-école, les Evil Ones. C'est notamment un ami du motard Scott Steinert qui sera assassiné après lui. Les Rock Machine l'avertissent de ne plus fréquenter leurs rivaux, selon des rapports d'enquête policière. Gérald Gallant se rend près du domicile de Cotroni, à Repentigny, en compagnie de son complice Gérald Hubert. Ils l'attendent pendant deux heures, cachés dans des arbustes. Quand Cotroni arrive, il reçoit six projectiles, dont quatre à la tête. Un revolver Colt .38 Special et un revolver de départ modifié seront trouvés sur place.

✝

Pierre Simard
8 septembre 1998,
Québec

Simard, 28 ans, réside en maison de transition à Québec, où il finit de purger une peine de 5 ans d'incarcération pour complot et trafic de stupéfiants. C'est un proche des Hells Angels Mario «Banane» Auger et Louis «Pee-Wee» Ruel. Chargé de le tuer par les Rock Machine, Gérald Gallant prend Simard en filature, en compagnie de sa maîtresse Jacqueline Benoit. Ils le suivent jusqu'au domicile de sa conjointe, sur l'avenue Bergemont, dans le quartier Limoilou, à Québec. Gallant revient seul, en soirée. Il se cache près de la voiture de Simard. Ce dernier démarre son auto à distance, car il craint qu'une bombe puisse y avoir été installée. Quand il arrive dans le stationnement, Gallant l'abat de dix balles, dont cinq à la tête, tirées avec un revolver de calibre .357 Magnum et un autre de calibre .38 Special.

✝

Luc Bergeron
7 janvier 1999,
Sainte-Foy

Lors d'une rencontre à la Basilique de Sainte-Anne-de-Beaupré, Gérald Gallant reçoit le contrat du Rock Machine Marcel Demers de tuer le Hells Angel Jonathan Robert. Demers lui donne l'adresse du motard ciblé, sur la Côte à Gignac, à Sillery, et le numéro de la plaque d'immatriculation de sa voiture. Mais ces informations sont erronées. Le Hells Angel a déménagé depuis déjà quelques mois et c'est Luc Bergeron, un détective privé de 31 ans, qui habite maintenant à cette adresse. Gallant suit celui qu'il croit être Jonathan Robert à quelques reprises en compagnie de son complice, Gérard Hubert. Il constate que la victime se rend souvent dans un immeuble à logements sur la rue Vautelet, à Sainte-Foy. Un endroit que le tueur trouve moins risqué que le domicile de la victime. Le soir du meurtre, Bergeron se stationne près de cette conciergerie pour aller chercher sa fille chez son ex-conjointe, au moment où il est tué, par erreur, de quatre projectiles avec un revolver Smith & Wesson de calibre .38 Special, que Gallant laissera sur place.

✝

Yves Lessard
22 avril 1999,
Sainte-Foy

Impliqué dans le trafic de drogue, Yves Lessard, 42 ans, avait déjà travaillé pour l'organisation du caïd Raymond Desfossés avant de se ranger dans le camp rival des Hells Angels. Il se trouve dans une position délicate puisque son beau-frère, le marchand d'armes devenu délateur Jean-Denis Grégoire, a fait coffrer plusieurs membres des Hells lors d'une opération anti-drogue menée par la GRC, quelques années plus tôt. Gérald Gallant connaît Lessard et croit alors qu'il fait partie des «amis» du clan Desfossés. Il refuse d'abord d'exécuter le contrat commandé par les Rock Machine. Il demande des autorisations «qui viennent de plus haut». C'est Raymond Bouchard, le bras droit de Desfossés à Québec, qui lui donnera son accord. Gallant demande ensuite à son complice Gérard Hubert, qui connaît Lessard mieux que lui, de tendre un piège à la victime en lui donnant rendez-vous au Flash Café, un restaurant situé dans le centre commercial Place de la Cité, à Sainte-Foy. Quand Lessard repart du rendez-vous, Gallant l'attend à la sortie du restaurant; il l'atteint de cinq projectiles tirés avec un revolver de calibre .357 Magnum. Selon un témoin, Gallant aurait dit: «Tiens, mon ostie!» alors que la victime gisait inanimée au sol.

Yves Vermette
23 octobre 1999,
Beauport

Préposé aux arénas de la Ville de Beauport, Vermette est aussi mêlé au trafic de drogue avec le Hells Angel Michel Savoie. L'homme de 34 ans est également propriétaire du bar Le Palmier, où Gallant, à la demande des Rock Machine, le tue de trois balles à la tête avec un revolver Smith & Wesson de calibre .357 Magnum, sous les yeux de la serveuse.

Israel Meyer Randolph
27 janvier 2000,
Montréal

L'homme de 46 ans est notamment arrêté en 1991 avec Jean-Guy Dubois, de l'organisation criminelle bien connue le « clan Dubois », pour complot et trafic de 3,5 millions $ de haschisch. Selon Gallant, son contrat de meurtre provient d'un individu de Vancouver qu'il n'est pas en mesure d'identifier et à qui la victime doit supposément beaucoup d'argent. En compagnie de son complice Gérard Hubert, Gallant se rend au restaurant Côte Saint-Luc BBQ, dans le quartier Côte Saint-Luc, où le commanditaire du meurtre a fixé un rendez-vous à la victime. Gallant commande un repas sur place avant de tirer à cinq reprises sur Randolph avec un revolver Smith & Wesson 19-2 de calibre .357 Magnum.

Jean-Marc Savard
1er mars 2000,
Charlesbourg

La victime est un des frères de «la famille Savard», dont certains membres sont bien connus des policiers à Québec en raison de leurs activités criminelles. En novembre 1999, Gallant blesse grièvement Roch Savard, un des frères de Jean-Marc, lors d'une fusillade à Trois-Rivières. Jean-Marc Savard, 43 ans, est impliqué dans le trafic de drogue et s'est acoquiné aux Hells Angels, selon les policiers. Gallant reçoit le contrat de meurtre du Rock Machine Marcel Demers, en échange de 20 000 $. Il demande l'aide de Gérard Hubert. Savard arrivait toujours tôt au gymnase des Galeries pour s'entraîner régulièrement. Les deux complices font feu à 8 h 50 sur la victime qui reçoit six projectiles dès son arrivée aux Galeries Charlesbourg. Gallant décide de copier le *modus operandi* des meurtres des Hells Angels pour confondre les policiers. Il incendie donc le véhicule volé qu'il utilise derrière un autre centre commercial, non loin de là.

Robert Savard
7 juillet 2000,
Montréal-Nord

Bras droit du chef des Hells Angels, Maurice «Mom» Boucher, et un des plus importants prêteurs usuraires de Montréal, Robert Savard est abattu de quatre balles à la demande du caïd du gang de l'Ouest, Raymond Desfossés. Gérald Gallant est secondé par son complice Gérard Hubert. La fusillade survient au restaurant Eggstra, à Montréal-Nord. Savard venait y rencontrer son associé, l'ex-hockeyeur des Nordiques de Québec, Normand Descôteaux. Ce dernier est également blessé, puisque Desfossés avait ordonné à Gallant de tirer sur toute personne qui serait en compagnie de Savard. La serveuse Hélène Brunet, dont Descôteaux se serait servie comme bouclier humain afin de se protéger des balles, devient une victime innocente de cette fusillade. Elle est atteinte de quatre projectiles. Un revolver de marque Dan Wesson, modèle 15, de calibre .357 Magnum et dix projectiles ont été récupérés par les policiers.

Yvon Daigneault
30 mai 2001,
Sainte-Adèle

Le gérant du bar La Cachette est victime d'une erreur sur la personne. La cible visée dans ce contrat, donné à Gallant par le caïd Raymond Desfossés, était Claude Faber, un ex-membre du clan Desfossés. La victime est atteinte de cinq projectiles de calibre .38. Son ami Michel Paquette, qui se trouve dans le bar près de Daigneault, est grièvement blessé à la tête, au dos et au bras gauche et en conserve des séquelles importantes. Malgré leur travail bâclé à la suite des renseignements erronés qu'ils ont reçus de leur patron, Gallant et son complice Gérard Hubert se partagent 25 000 $. Les policiers dirigent finalement leurs soupçons vers Gallant à la suite de cette affaire. C'est le dossier de meurtre pour lequel ils parviennent à obtenir une preuve d'ADN incriminant le tueur à gages sur les lieux du crime, sur une bouteille de bière où Gallant a posé ses lèvres dans le bar.

Christian Duchaîne
12 mars 2003,
Québec

Surnommé «Le Prince», Christian Duchaîne, 43 ans, est impliqué dans le trafic de stupéfiants. Son frère aîné, Bertrand «Bébé» Duchaîne, a survécu à deux tentatives de meurtres commises par Gérald Gallant, en 1990 et en 1993. Son oncle, Jean-Claude Gagné, avait connu Gallant au pénitencier et il avait déjà aidé ce dernier à commettre un meurtre en 1994. Gallant croyait que Christian Duchaîne voulait le tuer, à la suite de plusieurs avertissements reçus du caïd Raymond Bouchard, dont Gagné était l'associé. Le tueur demande donc à Gagné d'attirer son neveu dans un guet-apens, au garage Métal Beauport, propriété de Bouchard. La victime y est abattue de plusieurs projectiles. Puis, Gallant transporte le cadavre au garage de son meilleur ami, Denis Corriveau. Le corps y est démembré et brûlé. Les cendres sont mises dans un contenant de peinture et jetées dans un conteneur à ordures. Les restes de la victime ne seront jamais retrouvés.

Cet ouvrage a été achevé d'imprimer au Québec
sur les presses de Marquis Imprimeur en avril deux mille quinze
pour le compte de Les éditions du Journal.